Proste pomysły na **piękne wnętrza**

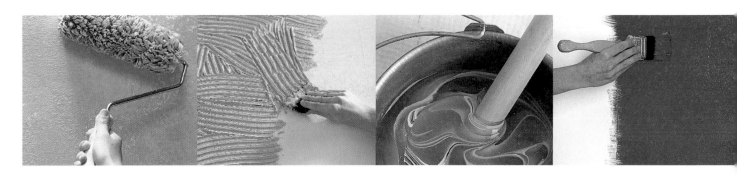

Proste pomysły

Sacha Cohen

na **piękne wnętrza**

od podłogi po sufit

Z angielskiego przełożył Jan Kabat

Świat Książki

Tytuł oryginału
DECORATOR'S PROBLEM SOLVER

Redaktor prowadzący
Magdalena Hildebrand

Redakcja
Elżbieta Gomulińska

Redaktor techniczny
Lidia Lamparska

Korekta
Jadwiga Przeczek

Świat Książki
Warszawa 2007
Bertelsmann Media sp. z o.o.
ul. Rosoła 10, 02-786 Warszawa

Skład i łamanie
Plus 2

Druk i oprawa
Neografia Martin, Słowacja

ISBN 978-83-247-0036-3
ISBN 83-247-0036-6
Nr 5281

SPIS TREŚCI

● Materiały i techniki 10

● Ściany 36

● Podłogi 68

● Sufity 90   ● Drzwi 100   ● Okna 112

● Pokoje 136

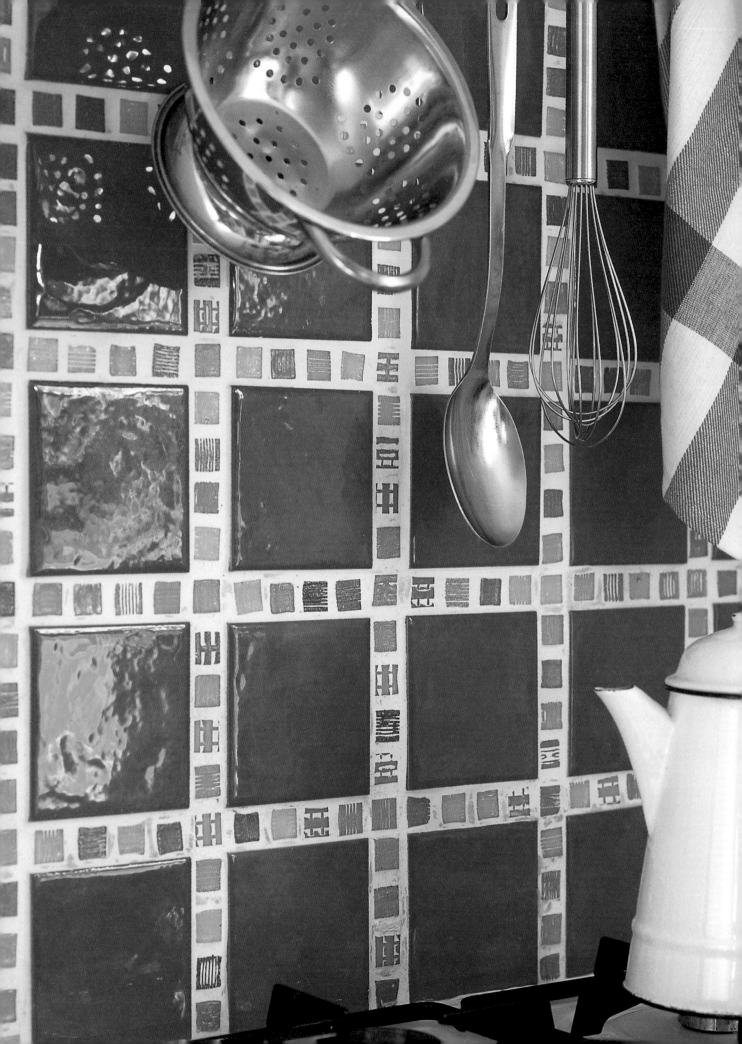

Wstęp

NIC NIE MOŻE dać większej satysfakcji niż przekształcenie bezbarwnego pokoju w nową przestrzeń. Zadowolenie wynikające ze świadomości, że dokonało się tego dzięki własnej pracy, jest ogromne. Jednak problemy napotykane w czasie urządzania wnętrz mogą zniechęcić każdego. W książce tej znajdziesz rozwiązanie – a właściwie, sto rozwiązań – ponad trzydziestu najpowszechniejszych problemów związanych z remontowaniem.

Każdy dom, stary czy nowy, nastręcza kłopoty podczas odnawiania i wymaga prawdopodobnie czegoś więcej niż tylko cienkiej warstwy farby, by stać się wymarzonym miejscem do życia. A może zdecydowałeś, że nadszedł czas na poważny remont twego ukochanego siedliska. Może chcesz zmienić wystrój tylko jednego pokoju, ale nawet na to masz za mało pieniędzy.

Tak czy inaczej, zawsze napotkasz w swoim domu liczne niedoskonałości. Najpowszechniejsze to brak światła, nieciekawa glazura czy terakota, zniszczone ściany, przestarzała kuchnia albo łazienka. Oczywiście zawsze istnieje problem ograniczonego budżetu.

Nie musisz być ekspertem w dziedzinie odnawiania wnętrz, by korzystać z tej książki. Wręcz przeciwnie. Napisaliśmy ją z myślą o właścicielach domów i mieszkań, którzy mają różne umiejętności w dziedzinie prac remontowych. Materiały i narzędzia są typowe i dostępne w większości sklepów ze sprzętem remontowym i budowlanym.

Podajemy rozwiązania, które odpowiadają różnym gustom i charakterom wnętrz – od modnych i nowoczesnych, do klasycznych i swojskich. Czy urządzasz kuchnię, sypialnię, łazienkę, salon, przedpokój czy nawet piwnicę, znajdziesz w tej książce rozwiązanie konkretnego problemu, zgodnie z twoimi upodobaniami i zasobnością portfela.

Sacha Cohen

MATERIAŁY NIEZBĘDNE do rozwiązań podanych w tej książce są dostępne w supermarketach budowlanych i w sklepach dla majsterkowiczów. Techniki podstawowe są łatwe do opanowania i zastosowania. W partiach książki poświęconych narzędziom i sprzętowi znajdziesz wskazówki, które narzędzia są absolutnie niezbędne, a także rady ułatwiające wykonanie konkretnego zadania. Techniki są przejrzyście zilustrowane i starannie wyjaśnione, informujemy także, kiedy należy poprosić o pomoc fachowca.

Oczywiście, jeśli jesteś doświadczonym i zapalonym dekoratorem wnętrz, możesz podjąć się konkretnego zadania w pojedynkę, ale pomyśl wcześniej o umiejętnościach, jakich będzie ono wymagało. Czas i koszt, które musiałbyś poświęcić na naprawę błędów, lepiej spożytkować, angażując kogoś, kto zrobi wszystko prawidłowo za pierwszym razem.

Materiały i techniki

Materiały

Spośród wielu dostępnych materiałów będziesz potrzebował tylko tych najbardziej podstawowych, by wykorzystać większość rozwiązań proponowanych w niniejszej książce. Żadne z nich nie wymaga użycia wszystkich omówionych materiałów, więc, nim wybierzesz się do sklepu, sporządź listę.

Książka omawia najbardziej typowe problemy związane z odnawianiem wnętrz i proponuje zastosowanie powszechnie dostępnych materiałów. Te, które tu wymieniamy, można nabyć w sklepach ze sprzętem remontowym, choć niektóre znajdziesz tylko w dużych supermarketach budowlanych.

Ilekroć kupujesz jakiś materiał, zwłaszcza gdy zamierzasz użyć go po raz pierwszy, przeczytaj dokładnie instrukcję, zwracając uwagę na wskazówki dotyczące bezpiecznego stosowania, i postępuj zgodnie z nimi.

Farby

Farba stanowi podstawowy materiał dekoratora. Jej główna funkcja to nadanie barwy i ozdobienie ścian, sufitów, stolarki, podłóg i mebli. Może być stosowana w celu uzyskania konkretnego koloru lub służyć pewnym efektom barwnym, które również omówiono w książce.

Dodatkową funkcją farby, często niedocenianą, jest ochrona malowanej powierzchni; istnieją farby specjalnego zastosowania, niemal każdego, jakie przyjdzie ci do głowy. Jednak w większości przypadków potrzebne będą tylko trzy zasadnicze rodzaje farby i kilka specjalnych.

EMULSYJNA FARBA MATOWA

Jest to najczęściej stosowana farba, przeznaczona do ścian i sufitów. Daje efekt matowej powierzchni, jest też nieprzezroczysta. Można ją również rozcieńczyć, by uzyskać bejcę i stosować do drewna (str. 25).

Dostępna jest także emulsja półmatowa, często określana jako satynowa, która stanowi dobre rozwiązanie w przypadku kuchni i łazienek. Techniki opisane w tej książce wykorzystują farbę matową, gdyż warstwa nieodblaskowa lepiej kryje nierówności, ale jeśli wolisz, możesz też użyć farby o średnim połysku.

Emulsja jest farbą wodną, dzięki czemu szybko schnie i nie wydziela silnego zapachu. Jednak nie oznacza to, że jest rozpuszczalna – możesz ją zmywać, kiedy wyschnie.

Emulsyjna farba matowa jest pozbawiona połysku i ma po wyschnięciu lekko kredowy wygląd.

Gładka i półmatowa farba do drewna dobrze współgra z matową farbą emulsyjną.

PÓŁMATOWA FARBA DO DREWNA

Farba ta, stosowana do drewna, odznacza się niewielkim połyskiem. Może być wodna lub olejna. Farby wodne mają kilka zalet w porównaniu z olejnymi: są praktycznie pozbawione zapachu, podczas gdy olejne mogą wydzielać szkodliwie opary, poza tym schną szybciej i są bardziej przyjazne dla środowiska. Na ogół jednak nie są uważane za tak trwałe jak olejne, co należy uwzględnić przy wyborze farby.

Farbę tę można odpowiednio zmieszać, by pasowała do emulsyjnej, i gdy już wyschnie, różnice między jedną a drugą są nieistotne, a efekt końcowy podobny.

FARBA DO DREWNA O NISKIM POŁYSKU

Ten rodzaj farby także stosuje się do drewna i odznacza się nieco matowym połyskiem. Jest ona dostępna jako emulsja wodna i olejowa; przy wyborze jednej lub drugiej obowiązują te same zasady, co przy stosowaniu farby półmatowej. Farba ta również może być odpowiednio zmieszana, tak aby pasowała do farby emulsyjnej, ale ponieważ odznacza się niewielkim połyskiem, jej kolor będzie się różnił od sąsiedniej powierzchni pomalowanej farbą matową. Będzie ona jednak lepiej pasowała do drewna niż farba półmatowa, jeśli do ścian zastosujesz farbę emulsyjną o średnim połysku.

Należy wspomnieć, że dostępna jest też emalia. Odznacza się ona wysokim połyskiem. Nie wspominamy o niej w tej książce, ponieważ jest zasadniczo dostępna tylko w wersji olejnej, a jej połysk jest tak wyraźny, że powinna być stosowana tylko w przypadku stolarki w doskonałym stanie.

FARBA O METALICZNYM POŁYSKU

Farba ta ma ograniczone stosowanie przy wystroju wnętrz, można jednak jej użyć, gdy chcemy uzyskać powierzchnię odbijającą światło lub gdy chodzi nam o specjalny efekt dekoracyjny. Jest ona dostępna w kolorze złotym i srebrnym, inne kolory możemy znaleźć w specjalistycznych sklepach malarskich. Farba perłowa – odbijająca światło emalia – jest dostępna w szerokiej gamie odcieni. Farby perłowe mogą być stosowane w taki sam sposób jak farby o metalicznym połysku. Obie są wodne i nadają się do ścian i sufitów.

Należy też wspomnieć o pozłocie i złocie w płatkach, które mogą odegrać pewną rolę przy wykańczaniu wnętrza. Pozłotę stosuje się na każdą pomalowaną powierzchnię, by uzyskać lekko metalizujący efekt, jest zwłaszcza przydatna, jeśli chodzi o gzymsy lub części mebli.

Złoto (lub metal) w płatkach stosowane jest do pozłacania powierzchni. Musi być nakładane z odpowiednim gruntem, takim jak na przykład grunt japoński; można je stosować na niemal każdy odpowiednio twardy materiał. Daje bogato dekoracyjny efekt, ale najlepiej stosować je na małych powierzchniach, gdyż jego nakładanie wymaga czasu. Rodzaj gruntu będzie w dużym stopniu zależał od tempa wykonywanej pracy. Wybieraj między szybko schnącym gruntem wodnym, a wolniej schnącym gruntem japońskim. Zapoznaj się z instrukcjami na etykiecie.

Metal w płatkach dostępny jest w odcieniu srebrnym, złotym i miedzianym oraz w odcieniu wielobarwnym. Możesz nawet użyć prawdziwych płatków, złotych i srebrnych, ale imitacja jest znacznie tańsza, choć efekt nie jest tak doskonały.

Gładka farba o średnim połysku jest najpowszechniej stosowanym rodzajem farby do ozdabiania drewna.

Od lewej: Pozłota, złoto w płatkach i farba o metalicznym połysku mogą być stosowane w celu uzyskania błyszczących akcentów.

Powierzchnie z fakturą

Zastosowanie faktury to trafny wybór w przypadku nierównej powierzchni, gdyż zakryje ona jej niedoskonałości. Uszkodzenia takie jak pęknięcia, małe dziury i nierówności, a także – paradoksalnie – mniej atrakcyjne faktury, mogą być ukryte lub zamaskowane. Istnieje wiele rodzajów faktury, ale w książce tej mówimy tylko o dwóch, jakie będą wymagane przy konkretnym rozwiązaniu.

WEWNĘTRZNY TYNK STRUKTURALNY

Jest to gęsta, biała substancja, która może być stosowana na sufity i ściany. Nakłada się ją na powierzchnię dużym pędzlem, a następnie rozprowadza w celu uzyskania pożądanego efektu. W latach siedemdziesiątych XX wieku, gdy materiał ten pojawił się na rynku, stosowano go powszechnie, by tworzyć na suficie różne wzory, co jednak szybko wyszło z mody, i tym samym materiał stracił na popularności. Jednak we współczesnym domu można znaleźć dla niego zastosowanie, nie powinno się więc z niego całkowicie rezygnować.

Główną wadą tynku strukturalnego jest to, że trudno go usunąć, kiedy już wyschnie na ścianie. Należy o tym pamiętać, więc jeśli nie jesteś do końca przekonany co do celowości jego zastosowania, wybierz inny materiał, który da się zamalować lub usunąć bez większego trudu.

Wewnętrzny tynk strukturalny może naśladować tynk surowy, jeśli zostanie wygładzony packą tynkarską.

FARBA STRUKTURALNA

Przeznaczona jako farba do powierzchni zewnętrznych domu, jest bardzo trwała. Odznacza się drobną fakturą, doskonale kryjącą drobne defekty. Jeśli odnawiana powierzchnia jest lekko uszkodzona, a wybrałeś rozwiązanie, które nie usunie tej wady, zastąpienie farby emulsyjnej strukturalną pomoże to osiągnąć. Staranne szlifowanie przywróci tynkowi gładkość po zastosowaniu tej farby, ale jest to czasochłonne, więc najpierw pomaluj na próbę kawałek kartonu, by się upewnić, że jesteś zadowolony z efektu, nim zaczniesz malować cały pokój.

Farba strukturalna, jako gotowy produkt, jest dostępna w ograniczonym zakresie kolorów. Możesz jednak znaleźć inne rozwiązanie, to znaczy samemu nadać farbie odpowiedni odcień, dodając barwniki. Są to małe tubki z kolorowym pigmentem, którego niewielka ilość nada bieli pastelowy ton. Wlej wystarczająco dużo farby do sporego wiaderka i wyciśnij z tubki trochę pigmentu. Mieszaj obie substancje, aż otrzymasz jednolity, określony kolor.

Wyciśnij niewielką ilość pigmentu do farby. Możesz zawsze dodać go więcej, jeśli chcesz wzmocnić odcień, kiedy już farba zostanie wymieszana.

Farba musi być dobrze wymieszana, by mieć jednolity odcień. Jeśli zastosujesz farbę za wcześnie (na etapie mieszania, pokazanym na zdjęciu), kolor będzie nierówny i łaciaty.

Tapety

Tapeta jest popularnym materiałem dekoracyjnym, ale w książce tej rzadko wymienia się ją jako rozwiązanie. Nie dlatego, by stanowiła zły wybór, ale dlatego, że właściwe jej położenie to zadanie wymagające wysiłku i czasochłonne, którego rezultat może okazać się niewłaściwy, jeśli brakuje ci odpowiedniego doświadczenia. W książce tej koncentrujemy się na prostych, twórczych rozwiązaniach, z którymi poradzą sobie nawet najmniej doświadczeni dekoratorzy.

Jeśli chcesz wytapetować pokój, a nie masz odpowiedniego przygotowania, możesz zatrudnić fachowca. Choć wydasz więcej pieniędzy, zaoszczędzisz sobie czasu i rozczarowania, a także wydatków na zakup papieru potrzebnego do skorygowania błędów.

Pomimo dużego wyboru, większość tapet spełnia tę samą funkcję. Poniżej przedstawiono kilka głównych rodzajów tego materiału.

Wzorzyste tapety dostępne są w szerokim wyborze kolorów i wzorów.

Tapety winylowe są zmywalne, stanowią więc odpowiednie rozwiązanie do łazienek i kuchni.

Powyżej: Tapety wypukłe zakryją uszkodzenia powierzchni i mogą być malowane farbą emulsyjną.

Po prawej: Niektóre tapety łączą w sobie fakturę, kolor i wzór, co pozwala zakryć uszkodzenia i jednocześnie uzyskać efekt dekoracyjny.

Powyżej: Fryzy (bordiury) można stosować zamiast lamperii lub listwy wykończeniowej. Jednak oba te elementy stosuje się tradycyjnie w starszych domach. Możesz je także stosować w tych nowoczesnych, ale pamiętaj, że dzielenie ściany poziomymi pasami obniży optycznie pokój, co nie zawsze jest dobrym rozwiązaniem.

Płytki

Płytki to doskonały materiał, choć dość drogi. Cena pojedynczej płytki nie musi być wysoka, ale pokrycie nimi konkretnej powierzchni może okazać się bardzo kosztownym rozwiązaniem. Dlatego w książce tej mówimy o nich w zastosowaniu do mniejszych powierzchni, gdy chodzi o szczególne zalety tego materiału: zapewnia on wodoszczelność i tworzy trwałą powierzchnię, która pełni także rolę dekoracyjną.

Nie znaczy to jednak, że należy stosować wyłącznie tanie płytki. Jeśli powierzchnia jest niewielka, zastanów się nad droższymi, ozdobnymi płytkami jako akcencie dekoracyjnym, natomiast te zwykłe wykorzystaj do przykrycia pozostałej powierzchni.

Jak w przypadku tapet, na rynku dostępny jest szeroki asortyment płytek, z których wszystkie pełnią tę samą funkcję, ale mają różne wykończenia. Choć dzięki nowym technologiom pojawiły się nietypowe (szklane, plastikowe i żywiczne), najpowszechniej stosowane i dostępne są płytki ceramiczne, które występują w różnych kolorach, rozmiarach i wzorach. Poniżej przedstawiono najczęściej występujące rodzaje.

Białe kwadratowe płytki o boku 10 lub 15 cm są najtańszym rozwiązaniem i mogą być stosowane w połączeniu z innymi, które zapewnią bardziej dekoracyjny efekt.

Płytki strukturalne są na ogół drogie, ale podobnie jak mozaikowe, można je zastosować w charakterze ozdobnego akcentu na powierzchni pokrytej zwykłą glazurą.

Ręcznie produkowane płytki to zwykle kwadraty o boku 10 centymetrów, dostępne w szerokiej gamie kolorów. Ich urok polega między innymi na mniej jednorodnej powierzchni.

Płytki ze wzorem dostępne są we wszystkich możliwych kształtach, rozmiarach i wzorach. Są zazwyczaj drogie, powinny więc stanowić przemyślany zakup.

Płytki mozaikowe mogą być wyrabiane ze szkła kwarcowego, ceramiki czy nawet metalu. Choć stanowią w dużych ilościach kosztowne rozwiązanie, można zastosować zaledwie kilka, by wzbogacić dekoracyjnie zwykłe płytki.

Listwy ozdobne to bardzo pożyteczne rozwiązanie. Są dostępne w szerokim zakresie kolorów i profili, i wystarczy użyć zaledwie kilku do ozdobnego wykończenia powierzchni pokrytej zwykłą glazurą.

Podłogi

Wykończenie podłogi może stanowić największy wydatek, jaki nas czeka, w związku z tym powinno być starannie zaplanowane. Podajemy tu kilka rozwiązań, które pozwolą stworzyć niedrogą, a mimo to interesującą podłogę, nie wszystkie jednak nadają się do każdego pokoju.

Jeśli musisz kupić materiał do pokrycia podłogi, zastanów się najpierw, czego dokładnie potrzebujesz,

PŁYTKI

Dostępne są różne rodzaje płytek – od ceramicznych do winylowych i korkowych. Ceramiczne płytki podłogowe, podobnie jak glazura, zapewniają wytrzymałą, wodoodporną powierzchnię, doskonałą do kuchni i łazienki. Z drugiej strony są one twarde, zimne (jeśli nie zastosowano ogrzewania podłogowego) i drogie. Należy je kłaść na trwałą, idealnie równą podłogę, gdyż w przeciwnym razie po jakimś czasie popękają. Powinien to robić fachowiec albo doświadczony dekorator.

Płytki winylowe zapewniają wodoodporną i trwałą powierzchnię. Łatwo się je kładzie i przycina, są też niedrogie. Ich główną wadą jest to, że występują w ograniczonym zakresie rozmiarów i kolorów, choć jeśli któryś z nich ci odpowiada, stanowią dobry wybór przy ograniczonym budżecie.

Płytki korkowe to także dobre i niedrogie rozwiązanie. Są łatwe w układaniu. Nie tworzą jednak dostatecznie twardej powierzchni i jeśli nie zostały odpowiednio zabezpieczone, nie powinny być stosowane w pomieszczeniach narażonych na wilgoć.

Od lewej do prawej: *płytki ceramiczne mogą być glazurowane lub nie, a różne powierzchnie decydują o ich zastosowaniu. Płytki winylowe są zazwyczaj samoprzylepne. Płytki korkowe można kupić w wersji zabezpieczonej lub niezabezpieczonej; te drugie można malować, by pasowały do wnętrza.*

DREWNO

Jest to tradycyjny materiał podłogowy, który w ostatnich latach znów stał się popularny. Deski podłogowe są wciąż stosowane przy budowie większości domów. Mogą być cyklinowane, lakierowane lub malowane, w zależności od wykończenia, jakie pragniesz

a potem sprawdź, co jest dostępne. Może się okazać, że najlepiej kupić w pierwszej kolejności materiał, a potem dostosować do niego wystrój wnętrza, nie zaś odwrotnie.

Materiały służące do wykończania podłóg dzielą się zasadniczo na trzy rodzaje: płytki, drewno i wykładzina. Każdy z nich ma różne właściwości, zalety i wady.

uzyskać. Są odporne, ale powinny być odpowiednio zabezpieczone, zwłaszcza w kuchni i łazience. Ich powierzchnia jest twarda, ale można rozwiązać ten problem, stosując chodniki lub dywany.

Panele podłogowe to nowy produkt, który zdobył szturmem supermarkety budowlane. Lepsze gatunkowo wyglądają jak drewno, są też wodoodporne i całkowicie gładkie. Panele są łatwe w układaniu i zwykle dostępne w zestawach, łącznie z instrukcją.

Od lewego górnego rogu do dolnego prawego: *panel podłogowy – jasny jesion; panel podłogowy – średnio ciemny buk; zabejcowane deski podłogowe, naturalne, lakierowane.*

WYKŁADZINY DYWANOWE

Wykładzina to materiał ciepły, miękki i zapewniający dobrą izolację; można ją nabyć w różnych fakturach i kolorach. Główna jej wada to koszt i trwałość. Podczas gdy lepsze gatunkowo wykładziny spisują się dobrze, z większości trudno wywabić plamy. Dlatego nie są one dobrym rozwiązaniem w przypadku kuchni i pokoju dziecinnego, choć ich miękkość to zaleta dla maluchów, które nie utrzymują się jeszcze zbyt pewnie na nogach. W tym wypadku dobrze jest zakupić niedrogą wykładzinę do dziecinnego pokoju i pogodzić się z nieuniknionym zniszczeniem.

Jeśli decydujesz się położyć wykładzinę, kup najlepszą, na jaką cię stać, czyść ją regularnie, a w miejscach intensywnego użytkowania stosuj maty i chodniki.
Pozostanie przez dłuższy czas w możliwie dobrym stanie.

Od dołu do góry: *dywanowa wykładzina jest miękka dla stóp. Wykładzina supełkowa jest twardsza, ale bardziej odporna na ścieranie.*

Narzędzia i sprzęt

Na rynku jest wiele skomplikowanych i drogich narzędzi, z których większości nie będziesz potrzebować. Te, które są nieodzowne, i inne, które ułatwią wykonanie określonych zadań, przedstawiono poniżej.

Gdy już zdecydowałeś się na konkretne rozwiązanie, sporządź listę potrzebnych materiałów i narzędzi. Kup najlepsze, na jakie cię stać, zwłaszcza gdy chodzi o pędzle, ale zawsze proś o radę sprzedawcę; najdroższe narzędzie nie zawsze jest najlepszym, jakie można nabyć.

Wskazówki niezbędne przy użyciu narzędzi:
- Zachowaj ostrożność, posługując się jakimkolwiek narzędziem, i zawsze zapoznaj się dokładnie z instrukcją jego użytkowania.
- Jeśli posługujesz się narzędziami elektrycznymi, nigdy, pod żadnym pozorem, nie zostawiaj ich włączonych bez nadzoru.
- Pamiętaj, że dzieci są często zafascynowane wszystkim, czym posługuje się dorosły, pilnuj więc narzędzi.
- Nie stosuj narzędzi do wykonania zadań, do jakich nie są przeznaczone; możesz je uszkodzić i zrobić sobie krzywdę.
- Dbaj o swoje narzędzia, utrzymuj je w czystości, przechowuj starannie, a będą ci służyły latami.

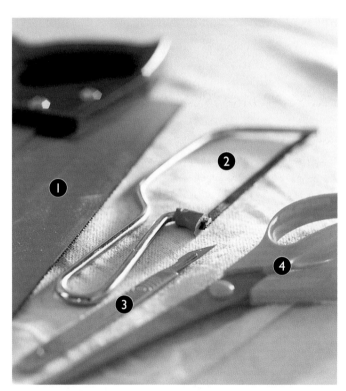

SPRZĘT DO MIERZENIA I ZNAKOWANIA

- Długa poziomnica (1) z podziałką wzdłuż krawędzi – drogie, ale bardzo przydatne narzędzie. Jeśli możesz, kup je.
- Miara stalowa (2) – przyrządu mierniczego będziesz potrzebował przy większości prac; to najlepszy i najtańszy nabytek.
- Przymiar kątowy (3) – przydatny przy mierzeniu kąta 90 stopni, zwłaszcza w przypadku stolarki.
- Długa linijka stalowa (4) – użyteczna, ale nie konieczna.
- Krótka poziomnica (5) – będziesz potrzebował poziomnicy, kup więc tę, jeśli nie stać cię na długą.
- Krótka stalowa linijka (6) – konieczna przy drobniejszych pracach i przy cięciu wzdłuż jej krawędzi.

NARZĘDZIA DO CIĘCIA

- Grzbietnica (1) – najbardziej użyteczny rodzaj piły.
- Piła do metalu (2) – przydatna do konkretnych zadań.
- Nóż (3) – nieodzowny. Zakrywaj ostrze osłoną korkową i zmieniaj ją często.
- Nożyce (4) – bardzo użyteczne; miej je zawsze pod ręką.

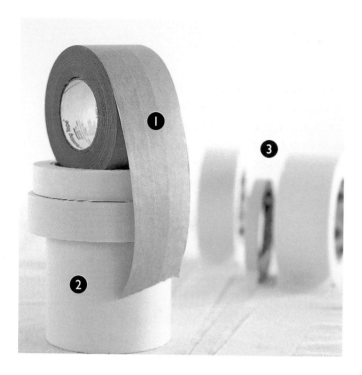

SPRZĘT DO MASKOWANIA

- Taśma malarska (**1**) – specjalna taśma służąca do zakrycia już położonej na ścianach farby. Taśma ta, o niskim stopniu przywierania, jest niedroga i nieodzowna przy większości prac malarskich.
- Taśmy szerokości 2 cm, 2,5 cm i 7,5 cm (**2**).
  Taśmy szerokości 4 cm, 12 mm i 5 cm (**3**). Taśmy te są niedrogie, a dzięki różnym szerokościom są użyteczne przy wielu pracach; kupuj je w miarę potrzeby. Zawsze kupuj taśmę o niskim stopniu przywierania, ponieważ zwykła może usunąć część farby podczas zdejmowania ze ściany.

SPRZĘT DO SZLIFOWANIA.

- Drobnoziarnisty papier ścierny (**1**) – użyteczny przy niektórych pracach stolarskich.
- Gruboziarnisty papier ścierny na drewnianym klocku (**2**) – najlepszy rodzaj papieru ściernego do większości prac. Klocek jest nieodzowny przy wszystkich pracach stolarskich i użyteczny przy wielu innych.
- Gąbka ścierna (**3**) – dobra do listew, gzymsów i profili.
- Bardzo drobny papier ścierny (**4**) – nieodzowny przy szlifowaniu stolarki między położeniem poszczególnych warstw farby, zapewniający perfekcyjne wykończenie.

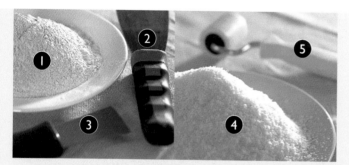

NARZĘDZIA I SPRZĘT DO PRZYGOTOWYWANIA ŚCIAN I TAPETOWANIA

- Masa szpachlowa do ścian (**1**) – konieczna do wypełniania ubytków w ścianach.
- Szpachelka (**2**) – nieodzowna przy nakładaniu masy szpachlowej.
- Skrobak (**3**) – nieodzowny przy usuwaniu starej tapety.
- Klej do tapet (**4**) i wałek do spoin (**5**) – nieodzowne przy tapetowaniu.
- Wałek gąbkowy (**6**) i papier do wyklejania ścian (**7**) – nieodzowne przy tapetowaniu.

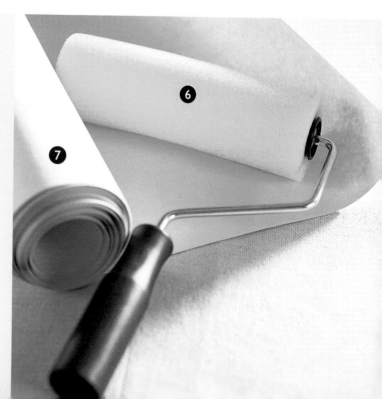

NARZĘDZIA MALARSKIE

- Pędzel 5 cm (**1**) – nieodzowny przy większości prac malarskich.
- Pędzel artystyczny z włosia sobolowego (**2**) – użyteczny przy malowaniu szkła.
- Pędzel do szablonów (**3**) – użyteczny tylko przy malowaniu przez szablon.
- Pędzel 2,5 cm (**4**) – do malowania wąskiej stolarki.
- Pędzel 10 cm (**5**) – nieodzowny przy malowaniu dużych powierzchni.
- Pędzel 7,5 cm (**6**) – użyteczny przy niektórych pracach malarskich.
- Mały pędzel artystyczny (**7**) – użyteczny przy malowaniu detali.
- Duży pędzel punktowy (**8**) – nieodzowny przy tepowaniu dużych powierzchni.

Wałek z gąbki; użyteczny przy równomiernym rozprowadzaniu farby do drewna na dużych powierzchniach stolarki.

Wałek z owczej skóry i tacka malarska; nieodzowne przy malowaniu dużych powierzchni w krótkim czasie.

SPRZĘT DO WYPEŁNIANIA UBYTKÓW I KLEJENIA

- Szybkoschnący klej (**1**) – silny klej do wypełniania szczelin, nieodzowny przy niektórych rozwiązaniach.
- Akrylowa masa szpachlowa (**2**) – użyteczna przy wypełnianiu ubytków w ścianach i stolarce.

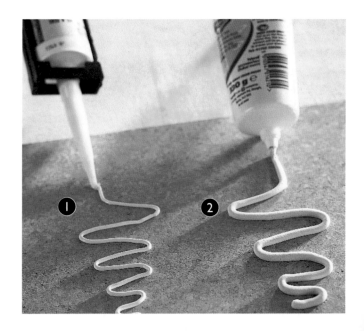

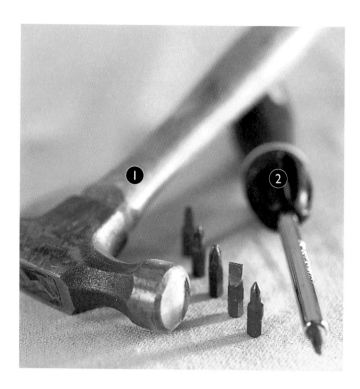

NARZĘDZIA DO MOCOWANIA

- Młotek (**1**) – użyteczny przy pracach stolarskich.
- Śrubokręt z wymiennymi końcówkami (**2**) – nieodzowny przy wielu pracach. Wymienne końcówki pozwalają zaoszczędzić na kupnie kilku różnych śrubokrętów, jest to więc dobra inwestycja.

WYBRANE ŚRUBY I GWOŹDZIE

- Małe gwoździe (**1**); krótka śruba krzyżakowa (**2**); średnia śruba prosta (**3**); długa śruba krzyżakowa (**4**); śruba lustrzana (**5**). Jest ważne, by mieć pod ręką niewielki i zróżnicowany asortyment gwoździ, śrub i wkrętów ogólnego użytku. Śruby lustrzane są nieodzowne w wypadkach, gdy głowica śruby jest widoczna, powinna więc mieć atrakcyjny wygląd.

PODSTAWOWY ZESTAW NARZĘDZI

Jeśli jesteś nowicjuszem, który nie ma narzędzi, ale dużo zapału, na początku powinieneś kupić następujący sprzęt, dzięki któremu będziesz w stanie wykonać większość prac.

- Płaski, kwadratowo zakończony pędzel o miękkim włosiu i szerokości 2,5 cm (**1**).
- Pędzel o długim włosiu i szerokości 7,5 cm (**2**).
- Długa poziomnica z miarką wzdłuż krawędzi (**3**).
- Taśma malarska (**4**).

ZASADY BEZPIECZEŃSTWA

Zainwestuj w solidny zestaw drabin, dostatecznie wysokich, by umożliwiły dostęp do wszystkich części pokoju bez konieczności przeciążania kręgosłupa czy nadmiernego wyciągania rąk. Nie nabieraj farby z dużej puszki; przelej niewielką jej ilość do garnka czy tacki, a oryginalny pojemnik zakryj starannie pokrywką. Dzięki temu, jeśli farba się rozleje, nie będziesz miał dużo sprzątania. Zastosuj nasadkę do drabiny, na której będziesz mógł zawiesić wiaderko albo umieścić tackę z farbą, by móc trzymać się jedną ręką drabiny.

Pracuj w odpowiednio wietrzonym pokoju; nawet farba o słabym zapachu staje się dokuczliwa, jeśli pracuje się cały dzień w zamkniętym pomieszczeniu.

Nie spiesz się z pracą. Czas podany przy każdym rozwiązaniu pozwoli ci ocenić z grubsza, jak długo ona potrwa, musisz też uwzględnić okres schnięcia farby. Zapoznaj się dokładnie ze wskazówkami dotyczącymi konkretnego rozwiązania. Pośpiech i praca po łebkach mogą zniweczyć końcowy efekt, a jeśli spadniesz z drabiny, będzie duży kłopot.

Nie zakładaj z góry, że wiesz, jak stosować dany produkt, ponieważ miałeś wcześniej do czynienia z podobnym. Czytaj starannie instrukcje dotyczące zarówno materiałów, jak i narzędzi, zwłaszcza gdy stosujesz je pierwszy raz, i postępuj zgodnie z zaleceniami.

Nie zniechęcaj się tymi uwagami. Podajemy je tutaj, by ułatwić ci osiągnięcie celu.

Nalej niewielką ilość farby do plastikowego lub metalowego naczynia.

PRZYGOTOWANIE DO PRACY

Kiedy już się zdecydowałeś na konkretne rozwiązanie, zgromadź potrzebne narzędzia, sprzęt i materiały. Nie ma nic bardziej frustrującego i szkodliwego dla końcowego efektu niż przerywanie pracy w połowie, ponieważ zabrakło ci czegoś, co jest nieodzowne.

Posprzątaj jak najstaranniej pomieszczenie, które zamierzasz odnawiać. Wszystkie meble, jakie pozostały w pokoju, należy przesunąć na środek i zabezpieczyć folią. Nie przykrywaj ich żadną płachtą, ponieważ rozlana farba może w nią wsiąknąć i zaplamić meble.

Przykryj podłogę folią i umocuj ją taśmą malarską do listew przypodłogowych. Połóż dodatkowo płachtę, która wchłonie drobne zacieki czy krople. Odłącz wszelkie urządzenia elektryczne, żebyś się nie potykał o przewody.

Jeśli malujesz ściany, zdejmij zasłony i karnisze. Rozmontuj klamki, jeśli malujesz drzwi. Zabiegi te pozwolą uniknąć zachlapań i przerw w pracy, a także zagwarantują właściwy efekt końcowy.

Może to wszystko wydać ci się zawracaniem głowy, ale jeśli rozlejesz farbę na swój nowy fotel, potkniesz się o przewody, stłuczesz lampę albo zaplamisz drogi dywan brudnymi podeszwami butów, będziesz żałował, że nie poświęciłeś dość czasu na odpowiednie przygotowania przed rozpoczęciem pracy.

WYBÓR ROZWIĄZANIA

Każdy z pospolitych problemów remontowych opisanych w tej książce rozwiązany jest na kilka sposobów. Ten, który wybierzesz, będzie zależał od przeróżnych kryteriów: osobistych upodobań, stanu odnawianej powierzchni, wysiłku, jaki zamierzasz poświęcić zadaniu, rozmiarów i kształtu pokoju, budżetu i czasu, jakim dysponujesz. Przedstawiony na zdjęciu końcowy efekt pozwoli ci zorientować się z grubsza, jak będzie wyglądał twój pokój. Znajdziesz też rady, jak dostosować efekt końcowy do konkretnego otoczenia.

Każde rozwiązanie ma legendę (skrót), której przykład podajemy niżej. Zawiera ona cztery elementy dostarczające następujących informacji:

Problem:

Ujmuje zwięźle problem, z którym należy się uporać.

Rozwiązanie:

Informuje, jak dalece rozwiązanie może być skuteczne. Jest to ważny czynnik przy wyborze rozwiązania. Jeśli wynajmujesz dom i nie chcesz – lub nie chce tego właściciel – zdecydować się na trwałe rozwiązanie, które może fizycznie zmienić pokój (przebudowa), wybierz takie, które zmieni go wizualnie albo poprawi jego wystrój. Jeśli urządzasz nowy dom, dysponując określonym budżetem, ale w przyszłości zamierzasz dokonać radykalnej przebudowy, doraźne poprawki czy zabiegi upiększające mogą być lepsze niż czasochłonne i trwałe rozwiązania, które zechcesz zmienić po kilku latach.

Efekt:

Określa efekt, jaki przyniesie rozwiązanie.

Czas:

Informuje w przybliżeniu o czasie pracy, jakiego wymaga konkretne rozwiązanie. Musisz uwzględnić dodatkowo czas

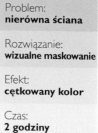

Problem:
nierówna ściana

Rozwiązanie:
wizualne maskowanie

Efekt:
cętkowany kolor

Czas:
2 godziny

schnięcia – większość produktów ma zalecany czas schnięcia podany na opakowaniu. Oczywiście, jeśli masz doświadczenie w pracach remontowych, będzie ci potrzeba mniej czasu; jeśli jesteś nowicjuszem, praca może zabrać ci go odpowiednio więcej.

Czas wykonania danej pracy, został określony na podstawie powierzchni o konkretnych rozmiarach, musisz więc zmierzyć tę, na jakiej zamierzasz pracować, i według tego wyliczyć odpowiednio czas. Powierzchnie przykładowe w tej książce mają następujące wymiary:

- Ściany: 2,5 x 2,5 m
- Płytki: 1 x 1 m
- Podłogi: 3 x 3 m
- Sufity: 3 x 3 m
- Drzwi: 75 cm x 1,8 m
- Okna: 60 cm x 1 m

Niektóre elementy mają specyficzne wymiary, na przykład standardowa płachta przeciw kurzowi, wykorzystana jako zasłona na okno na str. 130, albo kolażowe wstęgi, pokazane na str. 48. W takich wypadkach czas jest określony indywidualnie.

WSKAZÓWKI ILOŚCIOWE

Ilość produktu, potrzebna do konkretnego rozwiązania, może być trudna do określenia. Różne rodzaje farby kryją różnie powierzchnie, podobnie jak tynki strukturalne, kleje i masy. Zmierz powierzchnię, na której zamierzasz pracować, zapoznaj się z zaleceniami na opakowaniu i zawsze przestrzegaj poniższych wskazówek.

- **Farba:** przygotuj wystarczającą ilość farby na dwukrotne malowanie, choć – jeśli nakładasz jasny kolor na inny jasny, jedna warstwa powinna wystarczyć.
- **Płytki:** uwzględnij 5 procent na stłuczki i błędy w obliczeniach. Jeśli zastosujesz „płytki połamane", nie musisz kupować dodatkowego materiału z myślą o nieuniknionych uszkodzeniach.
- **Tapeta:** uwzględnij wszelkie poprawki związane z zachowaniem wzoru; na rolce tapety znajdziesz informacje na ten temat.

Niektóre rozwiązania wymagają elementów, które trzeba będzie zmierzyć, by dopasować je do pokoju (por. „Imitację boazerii" na str. 52). W takich wypadkach podajemy wskazówki co do mierzenia powierzchni.

Na koniec trzeba powiedzieć, że zawsze wskazane jest kupować wszystkiego nieco więcej. Płytki mogą popękać, kawałek tapety może się zmarszczyć albo wygiąć podczas klejenia, i jeśli w sklepie zabrakło tej konkretnej tapety, pojawi się problem. Większość sklepów przyjmuje zwroty nierozpieczętowanych opakowań czy rolek danego produktu. Farby nie można zwrócić, ale powierzchnie w jakimś momencie wymagają drobnych poprawek, a kolor nowej partii może się różnić nieznacznie od pierwotnego.

Techniki podstawowe

Podstawowe techniki dekoratorskie, które musisz opanować, by móc stosować rozwiązania proponowane w naszej książce, zostały wyjaśnione w tym właśnie rozdziale. Żadne z rozwiązań nie wymaga więcej niż dwóch technik. Techniki przewidziane dla każdego rozwiązania znajdziesz w ustępie pod wskazówkami na temat potrzebnych materiałów. Zapoznaj się z odpowiednią techniką, nim przystąpisz do pracy.

MALOWANIE

Malowanie to nieskomplikowany proces, ale warto wcześniej przygotować odpowiednio powierzchnię ściany. W zależności od stanu ścian, na których zamierzasz pracować – czy są nierówne, popękane czy też podziurawione – należy przestrzegać określonych procedur. Obejrzyj ściany i oceń zakres zniszczeń, następnie zapoznaj się z poniższymi wskazówkami i postępuj zgodnie z tymi, które są właściwe.

Szpachlowanie

NIEZBĘDNE MATERIAŁY

☐ Masa szpachlowa do ścian albo masa epoksydowa
☐ Szpachla
☐ Gruboziarnisty papier ścierny

Jeśli ściana czy sufit, na których pracujesz, są stare, być może będziesz musiał wypełnić szczeliny i dziury przed malowaniem.

Usuń wszelkie luźne resztki tynku. Następnie, zgodnie ze wskazówkami na opakowaniu, zmieszaj sproszkowaną masę szpachlową z wodą, lub jeśli ubytek jest duży, zastosuj masę epoksydową, by otrzymać gęstą pastę.

1 Przyłóż masę do zniszczonego miejsca za pomocą packi, ściągając jej nadmiar, ale pozostaw niewielką ilość. Pozwoli to uzupełnić niedobór, gdy masa schnie.

2 Przeszlifuj masę szpachlową papierem ściernym do uzyskania gładkiej powierzchni, sprawdzając jej równość opuszkami palców. Wyczujesz wszelkie nierówności lepiej niż jedynie za pomocą wzroku.

Czyszczenie

NIEZBĘDNE MATERIAŁY

☐ Mydło alkaliczne albo delikatny detergent zmieszany z wodą
☐ Gąbka

Brud i tłuszcz na powierzchni utrudniają odpowiednie przywieranie farby, która może się zacząć łuszczyć w bardzo krótkim czasie. Można tego uniknąć, myjąc powierzchnię przed malowaniem.

Do mycia ścian użyj mydła alkalicznego albo delikatnego detergentu i gąbki. Przed pomalowaniem powierzchnia powinna całkowicie wyschnąć.

Podkład na tynk i bejca

Nowy tynk będzie wymagał warstwy, która zabezpieczy chłonną powierzchnię i zapewni odpowiednie przyleganie farby. Matowa emulsja zmieszana z wodą doskonale spełni to zadanie. Ta sama mieszanina stosowana bywa jako bejca do drewna.

Nalej trochę emulsji do wiaderka. Dodaj mniej więcej taką samą ilość wody. Będziesz musiał to ocenić na oko – proporcje nie muszą być ściśle przestrzegane. Wymieszaj dokładnie. Nanieś cienką warstwę podkładu na świeżo otynkowane powierzchnie, posługując się wałkiem albo pędzlem, i odczekaj, by wyschła przed nałożeniem właściwej warstwy farby.

NIEZBĘDNE MATERIAŁY

☐ Emulsja matowa

☐ Woda

☐ Pędzel 7,5 cm albo wałek

Nakładanie farby wałkiem

Jest to bardzo prosty i szybki sposób. Będziesz musiał jednak posługiwać się pędzlem przy malowaniu krawędzi czy narożników, ponieważ wałek tam nie sięgnie. Wymagane jest równe nakładanie farby.

Wlej trochę farby do tacki malarskiej. Przejedź wałkiem po farbie, a następnie przesuń nim tam i z powrotem po ząbkowanej części tacki, by pokryła się równo farbą. Nałóż farbę na ścianę, przesuwając wałkiem w różnych kierunkach, co zapewni równomierność.

NIEZBĘDNE MATERIAŁY

☐ Emulsyjna farba matowa

☐ Tacka malarska

☐ Wałek

Przygotowanie farby klejowej

Jest to mieszanina farby i innej substancji, która wydłuża okres jej schnięcia, dzięki czemu masz więcej czasu na stworzenie zamierzonego efektu. Istnieją różnorodne specjalistyczne dodatki, które można kupić, ale zwykły klej do tapet sprawdzi się równie dobrze i jest znacznie tańszy. Wymagane proporcje to jedna część kleju do tapet na jedną część farby. Oblicz, ile farby będziesz potrzebował do pomalowania ściany o powierzchni, jaką stosujemy w tej książce (str. 23), i zmniejsz tę ilość o połowę.

Przygotuj klej do tapet zgodnie z zaleceniem producenta, w ilości odpowiadającej ilości farby, której według swoich obliczeń będziesz potrzebował. Dodaj ją do kleju i wymieszaj, by uzyskać klejówkę o równomiernej barwie. Nakładaj ją, stosując technikę opisaną na stronie 26.

NIEZBĘDNE MATERIAŁY

☐ Wiaderko

☐ Klej do tapet

☐ Woda

☐ Emulsyjna farba matowa w wybranym kolorze

☐ Mieszadło

Równa warstwa farby

N akładanie farby na ścianę pędzlem zapewni bardziej staranne wykończenie powierzchni, bez efektu skórki pomarańczowej, jaką daje wałek. Trwa to jednak dłużej, niewykluczone poza tym, że zechcesz użyć wałka do dużych fragmentów powierzchni.

Jeśli malujesz pędzlem, przestrzegaj następujących zasad, dzięki którym farba będzie równo rozłożona, a ślady pędzla ograniczone do minimum. Zanurzaj tylko dwie trzecie włosia w farbie.

NIEZBĘDNE MATERIAŁY

☐ Emulsja matowa
☐ Pędzel 10 cm

1 Zanurz włosie pędzla w farbie, otrzyj jedną stronę pędzla o krawędź pojemnika i nałóż na ścianę dwa grube, pionowe pasy długości mniej więcej 60 cm, w odległości około 15 cm od siebie. Pozwoli to przenieść większość farby z pędzla na ścianę.

2 Natychmiast zacznij przesuwać poziomo pędzlem po pasach, z jednej strony na drugą, rozprowadzając farbę po ścianie.

3 Pracując szybko, przesuwaj lekko pędzlem po pomalowanej części równymi, pionowymi ruchami. Czynność ta gwarantuje, że jakiekolwiek widoczne ślady pędzla na ścianie będą przebiegać w tym samym kierunku. Przy zastosowaniu tej techniki każda ilość farby na pędzlu pokryje obszar o powierzchni około 60 cm na 30 cm. Pracuj w poprzek, a następnie wzdłuż ściany, pokrywając sąsiednie miejsca i łącząc je ze sobą. Jeśli poczujesz, że pędzel jest suchy, nie próbuj wydusić z niego resztek farby. Nabierz więcej farby na pędzel i nałóż na ostatnią mokrą część ściany. W większości wypadków będziesz musiał nałożyć dwie warstwy farby, by uzyskać jednolity efekt.

Efekt łaciatej powierzchni

W przypadku niecierpliwego malarza istnieje metoda uzyskania pewnego efektu przy zastosowaniu tylko jednej warstwy farby – efektu łaciatej powierzchni. Jest bardzo subtelny i może być stosowany na dużych powierzchniach.

NIEZBĘDNE MATERIAŁY

☐ Emulsja matowa
☐ Pędzel 10 cm

1 Zanurz włosie pędzla w farbie, usuń jej nadmiar, ocierając jedną stronę pędzla o krawędź pojemnika, i nakładaj farbę na ścianę pojedynczymi maźnięciami. Pokrywaj w ten sposób powierzchnię o boku mniej więcej 60 cm, przenosząc większość farby z pędzla na ścianę.

2 Zmieniając kąt nachylenia pędzla przy każdym ruchu, rozprowadzaj farbę do chwili, aż pomalowane fragmenty połączą się ze sobą. Różne kąty nachylenia pędzla i zmienna intensywność koloru stworzą delikatny łaciaty efekt.

Barwienie farby

Jeśli chcesz namalować pasy czy nawet pokryć całą ścianę farbą o stopniowanych odcieniach danego koloru, najlepiej samemu przygotować kolory. Jeśli chcesz uzyskać kolor o odcieniu bladym, zawsze zaczynaj od białego, gdyż w przeciwnym razie kolory staną się zbyt mętne. Technikę tę zademonstrowano poniżej przy użyciu małych pojemniczków farby, możesz więc zobaczyć dokładnie, w jakim stopniu różne ilości barwnika wpływają na odcienie farby. Potrzebne będą tylko niewielkie jego ilości, gdyż odznacza się on wysoką zawartością pigmentu.

Pigmenty w farbach emulsyjnych nie zawsze dobrze się mieszają z farbą, ale jeśli chcesz osiągnąć ciemniejszy kolor, są najlepszym rozwiązaniem.

Kup farbę tylko w najciemniejszym tonie kolorów, jakich potrzebujesz, a następnie dodaj odmierzoną ilość białej farby, by uzyskać jaśniejsze odcienie. Dla uzyskania tonów pośrednich zmieszaj taką samą ilość koloru i bieli. Dla uzyskania delikatniejszych odcieni, zmieszaj biel z kolorem w stosunku dwa do jednego.

NIEZBĘDNE MATERIAŁY

☐ Biała farba emulsyjna (mat)
☐ Słoiki albo garnuszki na farbę na każdy z wymaganych odcieni
☐ Tubki barwnika
☐ Mały pędzelek artystyczny albo mieszadło do większych ilości farby

1 Wlej taką samą ilość białej farby do każdego słoiczka czy naczynia. Nawet jeśli potrzebujesz mniej jakiegoś koloru, zawsze mieszaj jednakowe ilości, gdyż w przeciwnym razie trudno ci będzie ocenić ilość barwnika potrzebnego do uzyskania każdego odcienia. Dodaj odmierzoną liczbę kropli do pierwszego słoika. Dodaj podwojoną liczbę kropli do następnego i za każdym razem podwajaj ilość barwnika, aż do ostatniego pojemnika z białą farbą.

2 Mieszaj farbę z barwnikiem, aż uzyskasz jednolite kolory. Zawsze przygotuj większą ilość farby niż potrzebujesz, gdyż jest rzeczą prawie niemożliwą uzyskanie ponownie tego samego koloru, poza tym w przyszłości może zajść konieczność poprawek.

Maskowanie

Maskowanie to ważna czynność, którą należy opanować. Jest często przytaczana w tej książce, a stosowana prawidłowo stanowi efektywną i szybką metodę, która pozwala namalować prostą linię.

By uzyskać na ścianie prostą linię, nie należy zaznaczać kilku punktów, mierząc odległość od podłogi albo od sufitu, a następnie łącząc je ze sobą. Jest mało prawdopodobne, by tak nakreślona linia była absolutnie prosta, ponieważ podłogi i sufity nigdy nie są równe, zwłaszcza w starszych domach. Jest to poza tym metoda pracochłonna, mogą też wystąpić nieścisłości przy dokonywaniu pomiarów. Postępuj zgodnie ze wskazówkami zamieszczonymi poniżej.

NIEZBĘDNE MATERIAŁY

- [ ] Długa poziomnica z podziałką wzdłuż jednej krawędzi
- [ ] Ołówek
- [ ] Taśma malarska
- [ ] Matowa farba emulsyjna
- [ ] Pędzle 5 cm

1 Znacznie dokładniejszy rezultat osiągniesz łatwiej i szybciej, zaznaczając jeden punkt, od góry lub od dołu, a następnie posługując się poziomnicą w celu nakreślenia równej linii. Przyłóż poziomnicę do zaznaczonego punktu i ustawiaj ją do chwili, gdy bańka w szkiełku znajdzie się dokładnie pośrodku, a potem zaznacz ołówkiem linię wzdłuż krawędzi poziomnicy. Przesuń ją wzdłuż ściany, zrównaj jej koniec z zaznaczoną linią, a drugi ustawiaj do chwili, gdy bańka znów znajdzie się pośrodku. Następnie przedłuż linię. Powtarzaj tę czynność, aż zaznaczysz całą linię.

2 Przyklej taśmę wzdłuż nakreślonej ołówkiem linii, po stronie przeciwnej w stosunku do tej, którą chcesz zamalować. Umieść taśmę odrobinę poniżej linii, tak aby przy malowaniu ślad ołówka został zakryty. Wygładź taśmę palcami, by mocno przylgnęła do ściany na całej swej długości.

3 Zanurz włosie pędzla w farbie i otrzyj jedną stronę o brzeg jej pojemnika. Nigdy nie rozprowadzaj farby w stronę taśmy. Maluj wzdłuż jej krawędzi albo przesuwaj pędzlem od taśmy ku środkowi malowanej powierzchni, dzięki czemu farba nie dostanie się pod taśmę.

Zawsze usuwaj taśmę, kiedy farba jest jeszcze mokra, robiąc to ostrożnie, by uzyskać świeżą i czystą krawędź bez odrywania warstwy suchej farby pod spodem.

Przechowywanie farby

Zachowaj nadmiar farby z myślą o późniejszych poprawkach, zwłaszcza w przypadku mieszanego koloru. Przelej ją z dużego pojemnika do małego słoiczka, żeby nie wyschła. Jeśli między poziomem farby a wieczkiem pozostała wolna przestrzeń, wytnij z torby plastikowej kółko odpowiedniej wielkości i umieść na powierzchni farby. Dzięki temu powietrze w słoiczku nie wysuszy jej wierzchniej warstwy.

Zbieraj słoiki, proś też o nie znajomych, byś mógł przechowywać nadmiar farby.

Czyszczenie narzędzi i sprzętu

Czyść pędzle i wałki przed pierwszym ich użyciem, a także od razu po zakończeniu pracy. Upływa trochę czasu, nim pędzel albo wałek „ułoży się" i przestanie tracić włosy czy meszek. Tak więc, im częściej ich używasz, tym stają się lepsze, dopóki czyścisz je przy każdorazowym użyciu. Sposób czyszczenia zależy od rodzaju farby, jaką zastosowałeś – olejna jest trudniejsza do usunięcia niż farba wodna.

FARBA WODNA

Jeśli musisz przerwać malowanie, możesz pozostawić wałek pokryty farbą do chwili, kiedy znów wrócisz do pracy. Tacka malarska powinna być całkowicie wypełniona farbą, a wałek dokładnie nią pokryty. Włóż go do tacki, a całość umieść w dużej plastikowej torbie. Przyciśnij torbę do powierzchni farby, aby usunąć powietrze. Zawiąż torbę i trzymaj tackę płasko.

Pędzel pokryty farbą zacznie twardnieć w ciągu dziesięciu minut, jeśli będzie wystawiony na działanie powietrza. Można zyskać trochę czasu, jeśli pozostawi się go w pojemniku z farbą, z częściowo zanurzonym włosiem, ale nie powinno to trwać dłużej niż pół godziny.

Kiedy skończyłeś pracę, od razu umyj pędzel i wałek.

NIEZBĘDNE MATERIAŁY

☐ Domowy detergent do zmywania

☐ Woda

1 By wyczyścić pędzel, spłucz resztki farby pod strumieniem ciepłej wody. Wyciśnij trochę detergentu na włosie, by uzyskać pianę, a następnie wcieraj ją we włosie. Zmyj pianę, rozdzielając poszczególne włosy, by się upewnić, że całość farby została usunięta. Płucz, dopóki woda nie będzie całkowicie czysta. Przywróć włosiu pierwotny kształt i pozostaw pędzel do wyschnięcia.

2 By wyczyścić wałek z owczej skóry, spłucz resztki farby pod strumieniem ciepłej wody. Wyciśnij niewielką ilość detergentu na wałek i uzyskaj pianę, którą starannie wcieraj w meszek wałka. Zmyj pianę z wałka, upewniając się, że farba została do końca usunięta. Płucz, dopóki woda nie będzie całkowicie czysta. Pozostaw wałek do wyschnięcia.

W przypadku wałka krytego gąbką zastosuj tę samą procedurę, wcierając w gąbkę pianę, a potem opłucz do czysta.

FARBA OLEJNA

Pędzle i wałki, których będziesz używał do tej samej farby, można przechowywać przez kilka dni w wodzie. Włóż je do wiadra i upewnij się, że zostały całkowicie zanurzone. Utrzyma je to w dobrym stanie, ale po jakimś czasie części metalowe mogą ulec korozji. By ponownie posłużyć się pędzlem lub wałkiem, strząśnij z nich nadmiar wody, a następnie wycieraj lub przesuwaj nimi po gazecie, aż papier wchłonie do końca wodę.

Kiedy dochodzi już do końcowego czyszczenia, wałki okryte farbą olejną nadają się do wyrzucenia, ale pędzel można uratować. Wlej trochę rozcieńczalnika do jednorazowego naczynia (doskonale się do tego nadaje stary pojemnik po farbie) i zanurzaj w nim pędzel, by usunąć jak najwięcej farby. Umyj go, stosując tę samą metodę co przy farbie wodnej, ale użyj więcej detergentu. Jeśli pędzel wciąż jest kleisty, powtórz cały proces.

NIEZBĘDNE MATERIAŁY

☐ Pojemnik

☐ Rozcieńczalnik do farb

☐ Domowy detergent do zmywania

☐ Woda

MATERIAŁY STRUKTURALNE

Istnieje wiele materiałów strukturalnych, które można stosować na ścianach i sufitach, by uzyskać efekt dekoracyjny lub zakryć zniszczenia i ubytki. Poszczególne materiały stosuje się w różny sposób, ale w przypadku rozwiązań opisywanych w tej książce występuje tylko jedna technika, jaką należy opanować, jeśli chodzi o dwa rodzaje stosowanych struktur.

Tynk strukturalny

Jest on stosowany, by uzyskać lekko strukturalną (szorstką) wierzchnią warstwę, która zakryje zniszczoną ścianę albo sufit. Sztuka polega na uzyskaniu właściwej nieregularności na danej powierzchni. Najpierw wypróbuj tę metodę na planszy, a gdy nabierzesz wprawy, przystąp do pracy na ścianie czy suficie.

NIEZBĘDNE MATERIAŁY

☐ Masa strukturalna
☐ Naczynie
☐ Pędzel 10 cm
☐ Packa tynkarska

1 Pracuj na wyznaczonych fragmentach o boku około 30 cm, wzdłuż, a potem w dół ściany. Przelej pewną ilość masy strukturalnej do pojemnika. Zanurz dziesięciocentymetrowy pędzel w masie, pokrywając nią gęsto włosie. Nakładaj masę grubą warstwą na ścianę, wzdłuż fragmentu, na którym pracujesz, przenosząc większość masy z pędzla na ścianę. Następnie przesuwaj pędzlem po nałożonej masie, wygładzając ją tak, by powstała równa warstwa.

2 Trzymaj pacę tynkarską pod kątem, tak aby tylko długa jej krawędź stykała się ze ścianą. Wygładzaj lekko pokrytą strukturą ścianę długimi, zamaszystymi ruchami. Jeśli po jednym ruchu pozostanie ci na pacy nadmiar masy, usuń ją, ocierając pacę o brzeg naczynia. Nie staraj się uzyskać idealnie gładkiej powierzchni; nieregularności stanowią część efektu.

Kiedy pracujesz w narożniku albo przy listwie podłogowej czy gzymsie, nakładaj mniejszą warstwę masy, a potem wygładzaj w większym stopniu pacą, by była jak najcieńsza w miejscu zetknięcia z narożnikiem albo listwą.

Jeśli masa strukturalna rozprowadza się zbyt łatwo, odczekaj około 20 minut, aż powierzchnia przeschnie, a następnie jeszcze raz przesuń po niej pacą. Jeśli powierzchnia stwardniała za bardzo przez ten czas, spryskaj ją wodą, by znów stała się plastyczna.

Farba strukturalna

NIEZBĘDNE MATERIAŁY

☐ Farba strukturalna
☐ Wałek
☐ Pędzel 7,5 cm

Aby farba strukturalna była nałożona równo, najlepiej posłużyć się wałkiem tynkarskim. Długie włosie na takich wałkach nadaje farbie gąbczastości, co podkreśla efekt struktury.

Nakładaj farbę, stosując technikę opisaną na str. 25. W miejscach niedostępnych dla wałka nałóż pędzlem grubą warstwę farby, a następnie uderzaj ją lekko włosiem, by uzyskać imitację struktury.

TAPETOWANIE

Tapetowanie może się okazać bardzo trudną techniką. Jeśli zamierzasz wytapetować cały pokój wzorzystą tapetą, a nigdy wcześniej tego nie robiłeś, radzimy zatrudnić fachowca.

Technika pokazana niżej służy nakładaniu zwykłej tapety papierowej, która nie ma wzoru nastręczającego trudności, tym samym jest łatwiejsza do klejenia. Jeśli ściany są pokryte „gołym" tynkiem, zagruntuj je wcześniej przy zastosowaniu techniki „Podkład na tynk" (str. 25), by klej nie został wchłonięty w ścianę.

Zawieś pion przy suficie, by naznaczyć prostą linię. Zmierz wysokość ściany i przytnij kawałki tapety dłuższe o co najmniej 15 cm niż odmierzona wysokość, by mieć dość materiału na przycięcie u góry i dołu.

1 Przygotuj klej do tapet zgodnie z zaleceniami producenta i przelej trochę do tacki malarskiej. Do nakładania kleju użyj wałka gąbkowego, upewniając się, że został równo rozprowadzony. Zagnij następnie górny brzeg papieru i umieść go pośrodku jego długości, przykładając do siebie pokryte klejem strony. To samo zrób z dolną krawędzią, tak aby oba końce przyciętego kawałka spotkały się ze sobą. Ułatwi to przenoszenie tapety. Odczekaj, aż klej zostanie wchłonięty, zgodnie z zaleceniami producenta.

NIEZBĘDNE MATERIAŁY

- [ ] Pion
- [ ] Miara stalowa
- [ ] Papier do wyklejania ścian (tapeta)
- [ ] Nożyczki
- [ ] Klej do tapet
- [ ] Pojemnik
- [ ] Wałek gąbkowy
- [ ] Tacka malarska
- [ ] Szczotki do tapet
- [ ] Szpilki

2 Przenieś papier na ścianę, odklej ostrożnie jeden koniec i przyłóż u góry ściany, obok pionu. Upewnij się, że krawędź papieru jest równoległa do linii pionu, i posługując się szczotką do tapet, przyklej górną część tapety płasko do ściany. Odwiń dolną część i także przyklej starannie do ściany.

3 Zawsze przesuwaj szczotkę od środka ku krawędziom, usuwając przy okazji wszelkie bańki powietrzne. Jeśli pojawi się bańka, która nie daje się usunąć szczotką, nie staraj się wypchnąć powietrza na siłę. Przekłuj papier w środku bańki szpilką, a następnie, za pomocą szczotki, skieruj nadmiar powietrza w stronę otworu i usuń go.

W miejscach, w których papier zachodzi na sufit albo listwę przypodłogową, zaznacz linię tępą krawędzią nożyczek. Oderwij delikatnie papier od ściany, obetnij nożyczkami nadmiar, a następnie, posługując się szczotką, przyklej papier z powrotem do ściany.

Powtarzaj procedurę przy tapetowaniu reszty pokoju, starannie zrównując boczną krawędź świeżego kawałka papieru z poprzednim.

UKŁADANIE PŁYTEK

W przypadku ściany, użyj poziomnicy, by wyznaczyć prostą, poziomą linię, od której zaczniesz układanie płytek. Jeśli kładziesz płytki nad jakimś blatem, sprawdź, czy jest równy, Jeśli tak, wykorzystaj jego powierzchnię jako wyjściową. Jeśli nie, nakreśl prostą linię tuż nad nim. Jeśli między powierzchnią blatu a dolną krawędzią płytek jest szczelina, wypełnij ją fugą. Zacznij układanie od najbardziej widocznego miejsca powierzchni i jeśli to konieczne, przytnij płytki, by pasowały do drugiego końca powierzchni.

NIEZBĘDNE MATERIAŁY

- ☐ Poziomica
- ☐ Ołówek
- ☐ Klej do płytek
- ☐ Szpachelka
- ☐ Krzyżyki
- ☐ Obcinarka do płytek
- ☐ Gotowa fuga
- ☐ Wilgotna szmatka
- ☐ Sucha szmatka

1 Pracując na powierzchni o boku około 30 cm, nabierz z pojemnika trochę kleju specjalną szpachlą i rozprowadź po powierzchni. Warstwa kleju powinna mieć grubość około 6 mm.

2 Przyłóż pierwszą płytkę do ściany na jednym końcu linii i przyciśnij mocno. Umieść krzyżyk przy górnym i dolnym rogu płytki, następnie przyłóż kolejną płytkę, przysuwając ją do krzyżyka. Kontynuuj aż do końca pierwszego szeregu.

TECHNIKI UKŁADANIA PŁYTEK

Ta sama podstawowa technika jest stosowana w przypadku każdej powierzchni i wszystkich rodzajów płytek, choć niektóre wymagają więcej ostrożności i uwagi niż inne.

Płytki terakotowe, które nie są zabezpieczone, mogą się poplamić fugą; podobnie, w przypadku płytek o zróżnicowanej, strukturalnej powierzchni, fuga może się dostać w jej zakamarki, co będzie wymagało starannego czyszczenia. Tak więc, w obu przypadkach, nakładaj fugę narożnikiem pacy, tylko między płytkami.

Technika zmienia się jednak nieco, jeśli układasz płytki w większej odległości od siebie albo w przypadku płytek mozaikowych, ponieważ nie można wtedy używać krzyżyków. Nie są one dostatecznie duże, by zapewnić szeroki odstęp między zwykłymi płytkami, natomiast w przypadku płytek mozaikowych jest on zbyt duży. Postępuj zgodnie z podanymi tu wskazówkami.

Określ odstęp między płytkami i wytnij mały kawałek drewna odpowiedniej wielkości, który posłuży za krzyżyk. Rozprowadź znaczną ilość kleju w miejscu, gdzie znajdzie się pierwsza płytka, i przyłóż ją. Posłuż się drewienkiem, by określić miejsce następnej płytki i powtórz całą procedurę. Nabierz trochę fugi pacą i wciśnij w szczeliny między płytkami.

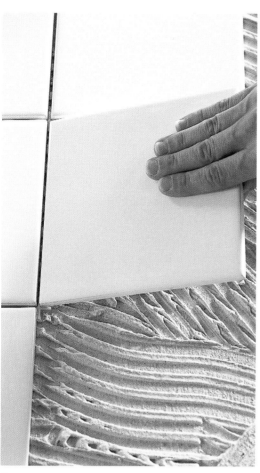

4 Nabierz na róg packi trochę fugi. Rozprowadź ją po powierzchni płytek, wciskając mocno w szczeliny między płytkami. Przesuń dłuższą krawędzią packi po zafugowanej powierzchni, by usunąć nadmiar fugi, która musi następnie stwardnieć.

3 Dostosuj do pierwszego szeregu płytek następny, przysuwając płytki do krzyżyków tak jak wcześniej. Kiedy skończysz układanie, pozostaw płytki do wyschnięcia.

5 Kiedy fuga jest mocna, ale nie do końca sucha, wytrzyj całą powierzchnię mokrą szmatką, usuwając resztki fugi z powierzchni płytek. Kiedy będą już całkowicie suche, wypoleruj je suchą szmatką.

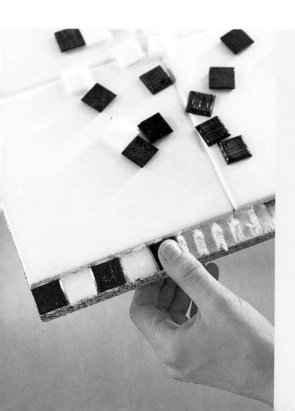

Po lewej: *Aby rozmieścić płytki mozaikowe, rozprowadź klej na powierzchni, na której zamierzasz je ułożyć. Przyciśnij płytki do powierzchni, pozostawiając między nimi szczelinę szerokości około 3 mm. Będziesz musiał odmierzyć ją na oko, ale drobne odchylenia nie będą widoczne.*

Po prawej: *Nabieraj niewielką ilość fugi na packę i fuguj płytki, jak pokazano.*

PODŁOGI

Układanie niektórych materiałów, takich jak wykładzina, lepiej pozostawić fachowcom, ale przy odrobinie cierpliwości i czasu możesz spróbować zrobić to sam. Pamiętaj, że jeśli pokój jest spory, układanie podłogi będzie poważnym zadaniem, więc jeśli zdecydujesz się robić to sam, zapewnij sobie mnóstwo czasu.

WYKŁADZINA

Zawsze jest lepiej zatrudnić fachowca. Powierzchnia i masa wykładziny o rozmiarach pokoju są ogromne, a jeśli dokonasz cięcia w niewłaściwym miejscu, nic się już nie da z tym zrobić. Poza tym rozciągnięcie wykładziny między listwami progowymi nie jest łatwym zadaniem; będzie też potrzebny do tego specjalistyczny sprzęt.

PODŁOGA DREWNIANA

Panele laminowane są często sprzedawane w formie zestawów, wraz z dołączoną instrukcją, zgodnie z ich określonym rodzajem. Panele laminowane nie są trudne w układaniu, choć trzeba mieć umiejętność wycinania piłą prostych linii. Czytaj uważnie instrukcje i pracuj metodycznie.

Prawdziwe deski podłogowe to inna sprawa. Najlepiej w takim wypad-

Płytki winylowe

Są stosunkowo łatwe do układania i cięcia, które jest nieodzowne przy ich dopasowaniu do krawędzi pokoju. Zmierz przestrzeń, którą musisz wyłożyć, i przytnij odpowiednio płytkę, posługując się ostrym nożem i stalową linijką.

NIEZBĘDNE MATERIAŁY

☐ Miarka stalowa
☐ Ołówek
☐ Samoprzylepne płytki winylowe
☐ Stalowa linijka
☐ Nóż

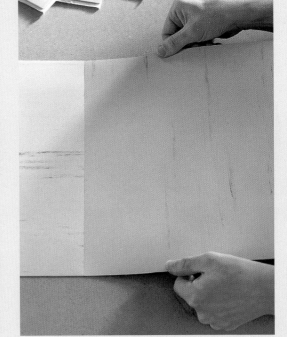

1 Zdejmuj kolejno samoprzylepną podkładkę z każdej płytki. Ułóż ostrożnie płytkę na swoim miejscu i przyciśnij ją mocno dłońmi. Przysuń drugą do pierwszej i kontynuuj wykładanie podłogi, postępując jak wyżej.

2 Płytki winylowe dostępne są w różnych kolorach i często mają na powierzchni plamy i cętki o barwie kontrastującej z tłem. Jeśli stosujesz płytki o jednolitym kolorze, zastanów się, czy nie obrócić co drugiej płytki o 90 stopni, tak aby motyw na płytkach tworzył na dwóch sąsiednich kąt prosty. Dzięki temu podłoga będzie wyglądała trochę ciekawiej.

ku zerwać stare i w ich miejsce położyć nowe, wykorzystując istniejące legary. Jest to z pewnością zadanie dla fachowca, nie dla amatora.

PŁYTKI

Wykładanie podłogi płytkami to dość skomplikowany proces, więc nie spiesz się z wyznaczeniem środka podłogi i ułożeniem pierwszego szeregu płytek.

Układa się je, zaczynając od środka pokoju i posuwając się ku ścianom. Nakreśl linię przez cały pokój, od wymierzonego środka jednej ściany do środka przeciwległej. Następnie nakreśl drugą linię pod kątem prostym w stosunku do pierwszej, między punktami środkowymi dwóch pozostałych ścian, tworząc krzyż w centrum pokoju.

Krzyż ten wyznaczy położenie pierwszej płytki, którą umieść w jednej z utworzonych przez jego ramiona ćwiartek.

Połóż trzy następne płytki w trzech pozostałych ćwiartkach krzyża. Układaj kolejne wzdłuż pierwszej linii, zaczynając od czterech środkowych, aż do ściany po jednej lub drugiej stronie krzyża. Na podstawie tego pierwszego szeregu układaj następny. Kontynuuj układanie płytek w rzędach, aż do ściany w jednym kierunku, następnie cofnij się do krzyża i zacznij kłaść płytki w innym kierunku.

PŁYTKI CERAMICZNE

Jeśli nie zdecydowałeś się na rozwiązanie „Połamane płytki" (str. 75), zastanów się nad zatrudnieniem fachowca, który położy płytki ceramiczne. Jest to zadanie bardziej skomplikowane – i znacznie droższe niż wykładanie ściany, nie trzeba go więc powierzać nowicjuszowi.

Płytki korkowe

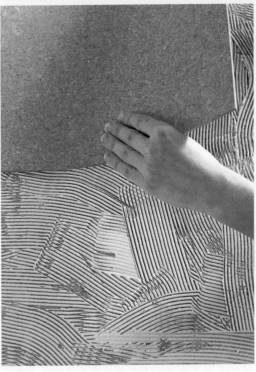

P łytki korkowe dość łatwo układać i dopasować do siebie. Przycinaj je w taki sam sposób jak płytki winylowe.

1 Wykładając najpierw powierzchnię o boku około 60 cm, nabierz trochę kleju na packę, a następnie rozprowadź po podłodze. Pokryj podłogę klejem równą warstwą grubości mniej więcej 3 mm.

2 Połóż pierwszą płytkę na swoim miejscu, a następnie przyciśnij dłońmi. Przysuń do niej kolejną płytkę i kontynuuj wykładanie podłogi, zgodnie z procedurą wyjaśnioną powyżej.

NIEZBĘDNE MATERIAŁY

☐ Miarka stalowa

☐ Ołówek

☐ Klej do płytek korkowych

☐ Packa do kleju

☐ Płytki korkowe

☐ Linijka stalowa

☐ Nóż

To WŁAŚNIE ŚCIANY stanowią największą powierzchnię w pokoju. Są też najbardziej widoczną jego częścią, gdyż służą za tło dla mebli, stałych elementów wyposażenia i tkanin dekoracyjnych. Ściany są też najczęściej wykorzystywane jako miejsce dla wszelkich zdobień.

Możliwości związane z dekorowaniem ścian są praktycznie nieograniczone, a najczęściej stosowany środek — farba — jest jednocześnie najtańszym sposobem pokrycia ich powierzchni. Pewną trudność stanowią uszkodzenia powierzchni ścian — poważne czy tylko drobne, w nowym czy starym domu, zawsze sprawiają kłopot.

Rozwiązania dotyczące każdego rodzaju uszkodzeń pozwalają uporać się z nimi w praktyczny i jednocześnie dekoracyjny sposób. Można je stosować z powodzeniem zarówno w domach nowoczesnych, jak i tradycyjnych, bez względu na zakres występujących zniszczeń. Istnieją szybkie metody ich maskowania i trwałe środki zaradcze, z których większość można dostosować do wszelkich zamierzeń dekoracyjnych.

W przeciwieństwie do malowania najbardziej kosztowną metodą pokrycia ściany są płytki, choć w przypadku kuchni czy łazienki, to najlepsze rozwiązanie. W tym rozdziale znajdziesz oszczędne, sposoby dekoracyjnego maskowania nieatrakcyjnych płytek i sprytne metody gwarantujące wodoszczelność bez konieczności stosowania płytek.

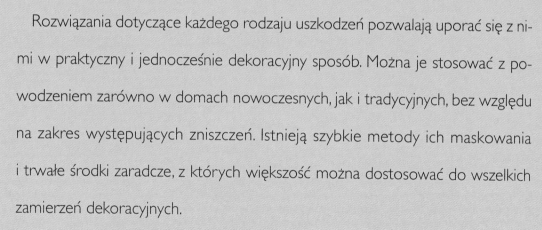

Ściany

NIERÓWNA ŚCIANA

Jest to problem spotykany zwłaszcza w starszych domach, gdzie powierzchnia tynku została naruszona przez nieznaczne, długotrwałe ruchy budynku i wypaczyła się wraz z upływem czasu, lub wówczas, gdy prowizoryczne naprawy, obejmujące niewielkie powierzchnie, doprowadziły do powstania nierówności. Dopóki tynk jest w miarę mocny i tylko nierówny, nie grozi ci wysiłek i koszty związane z ponownym tynkowaniem ścian. Efekty uzyskiwane dzięki farbie, łączenie koloru i struktury, mogą rozwiązać ten problem; odwracają uwagę od nierówności ścian, wzrok zaś zatrzymuje się na dekoracyjnym wykończeniu, a nie na wybrzuszeniach powierzchni czy jej wypaczeniach.

ROZWIĄZANIE 1. *Dwubarwny efekt*

Efekt ten łatwo i szybko osiągnąć. Wrażenie „łaciatości" pozwala zatuszować wszelkie różnice występujące na powierzchni ściany. Kolory zostaną zmieszane podczas malowania wałkiem, wykonaj więc próbny test na planszy, by się upewnić, że trzeci odcień (uzyskany dzięki zmieszaniu dwóch kolorów) nie jest mętny.

NIEZBĘDNE MATERIAŁY

☐ Tacka malarska
☐ Emulsyjna farba matowa w dwóch kolorach (str. 23)
☐ Wałek tynkarski
☐ Pędzel 5 cm

TECHNIKA PODSTAWOWA

☐ Malowanie (str. 24)

Problem:
nierówna ściana

Rozwiązanie:
maskowanie wizualne

Efekt:
„łaciate" kolory

Czas:
30 min

1 Nalej 600 ml farby każdego koloru, tak aby obie znalazły się obok siebie, po przeciwnych stronach tacki; w ten sposób nie zmieszają się zbytnio ze sobą. Kiedy zanurzasz wałek w farbie, zawsze ustawiaj jego rączkę w takiej samej pozycji, by kolory nie zmieszały się ze sobą.

2 Pokrywaj farbą powierzchnie o boku 1 m. Przesuń wałkiem jeden raz po tacce, pokrywając go gęsto farbą o dwóch kolorach. Następnie pokrywaj ścianę pojedynczymi, długimi ruchami wałka, tak aby zamalowane fragmenty nie łączyły się ze sobą; przenoś większość farby z wałka na powierzchnię ściany.

UWAGI

● *Można zagruntować ściany farbą w trzecim uzupełniającym kolorze. Rozprowadź cienko dwa kolory po warstwie stanowiącej podkład kolorystyczny, tworząc wyraźny efekt i podkreślając strukturę wałka.*

● *W narożnikach i przy krawędziach, gdzie wałek nie może sięgnąć, zanurz koniec pędzla w obu farbach, a następnie uderzaj nim o ścianę, zachowując efekt dwóch odcieni.*

3 Nie zanurzaj wałka z powrotem w farbie, tylko przejedź nim lekko po pierwszych zamalowanych fragmentach, delikatnie łącząc ze sobą kolory. Trzymaj wałek pod różnymi kątami, by uzyskać subtelny „łaciaty" efekt. Im dokładniej będziesz rozprowadzał farbę na ścianie, tym mocniej kolory będą się ze sobą łączyć i tym delikatniejszy osiągniesz efekt.

Im większy będzie kontrast między obydwoma kolorami, tym wyraźniejszy efekt końcowy. Jeśli ściana jest nierówna w małym stopniu, delikatny kontrast, taki jak pokazano tutaj, spełni swe zadanie. Jeśli ściana jest bardzo nierówna, dobierz kolory silnie skontrastowane, by uzyskać mocny efekt, który optycznie zakryje nierówności.

ROZWIĄZANIE 2. *Cieniowana farba klejowa*

Zaletą tej metody jest to, że wymaga ona stosunkowo pobieżnego malowania, ale w określonej kolejności. Druga warstwa farby zakrywa wszelkie niedociągnięcia i błędy pierwszej, uwypukla także efekt końcowy. Im suchsza powierzchnia, tym wyraźniejsze połączenia. Im mniej wyraźne połączenia, tym lepszy efekt końcowy, trzeba więc pracować szybko, nie przerywając malowania w połowie ściany.

NIEZBĘDNE MATERIAŁY

☐ Emulsyjna farba matowa biała

☐ Wałek z owczej skóry

☐ Tacka malarska

☐ Pojemnik

☐ Klej do tapet

☐ Emulsyjna farba matowa w wybranym kolorze (str. 23)

☐ Mieszadło

☐ Pędzel 10 cm

TECHNIKA PODSTAWOWA

☐ Malowanie

Problem:
nierówna ściana

Rozwiązanie:
maskowanie wizualne

Efekt:
„łaciaty" kolor

Czas:
30 min

1 Posługując się wałkiem z owczej skóry, zagruntuj całą ścianę białą farbą emulsyjną i odczekaj, aż wyschnie. Przygotuj w pojemniku klej do tapet według wskazań producenta. Dodaj farby emulsyjnej i zamieszaj starannie, by uzyskać jednolitą farbę klejową.

UWAGI

By uzyskać odpowiedni wygląd całości, nałóż trochę więcej farby wzdłuż krawędzi przy suficie, listwie przypodłogowej i gzymsach, kiedy już wierzchnia warstwa jest sucha. Dzięki temu krawędzie będą wyraźne, tworząc obramowanie końcowego efektu.

2 Zacznij od górnego rogu. Zanurz mniej więcej jedną trzecią włosia pędzla w farbie klejowej, a następnie otrzyj jedną stronę o brzeg naczynia, by usunąć nadmiar farby i uniknąć jej kapania. Pracując na powierzchni o boku około 1 m, nanoś farbę uderzeniami pędzla i natychmiast rozprowadzaj po ścianie, zmieniając przy każdym ruchu kąt ustawienia pędzla, by uzyskać kształt nieregularnej chmury. Przesuwaj się wzdłuż ściany, powtarzając całą procedurę i łącząc chmury przy ich krawędziach. Kiedy już zamalowana została górna część ściany, przesuń się w dół, a potem z powrotem, by pokryć farbą całą ścianę.

3 Kiedy pierwsza warstwa jest całkowicie sucha, zazwyczaj po 4 godzinach, pokryj ścianę drugą warstwą w ten sam sposób. Łączenia między chmurami nie powinny być zbyt ciemne i wyraźne, więc dopilnuj przy drugim malowaniu, by nowe nie pokrywały się ze starymi.

Jeśli chodzi o podkład, dopuszczalny jest każdy kolor, ale może on zmienić odcień końcowej warstwy. Biały podkład nie zmieni odcienia wybranego przez ciebie koloru, jest więc zwykle najlepszym rozwiązaniem.

ROZWIĄZANIE 3. *Malowanie prostokątów*

Połączenie określonych kształtów i drobnej struktury odwraca wzrok od nierówności ścian. Farba strukturalna zakryje także drobne uszkodzenia, ale jeśli na powierzchni ściany występują pęknięcia albo dziury, najpierw należy wypełnić je masą szpachlową (str. 51).

Prostokąty dają najlepszy efekt w stosunkowo dużej skali, więc nakreśl ten największy proporcjonalnie do długości ściany; najmniejsze powinny mieć około 1 m długości i 25 cm szerokości. Zaprojektuj starannie wzór prostokątów na ścianie, nim zaczniesz je malować.

Wybierz cztery kolory: trzy odcienie tego samego koloru i jeden kontrastujący. Najjaśniejszy odcień będzie stanowił tło, a dwa ciemniejsze odcienie, wraz z kontrastującym kolorem, zostaną zastosowane jako wypełnienie prostokątów. Prostokąty o najciemniejszym i kontrastującym odcieniu będą zachodziły na jaśniejsze, dając wrażenie głębi.

1 Posługując się wałkiem z owczej skóry, pomaluj całą ścianę w kolorze stanowiącym tło. Kiedy farba wyschnie, zakreśl kontury nakładających się na siebie prostokątów różnej wielkości. Posłuż się poziomnicą i ołówkiem, by nakreślić kształty – szczegółowe pomiary nie są konieczne, wystarczą proste, pionowe i poziome linie. Jeśli jesteś niezadowolony z końcowego efektu, zetrzyj linie namydloną szmatką i narysuj je ponownie.

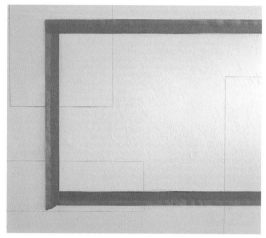

UWAGI

Kontrastujący kolor zawsze powinien odznaczać się tym samym charakterem tonalnym co pośredni odcień spośród trzech odcieni tego samego koloru. Zapobiegnie to zbytniej dominacji nad efektem całości, ale także jego przytłumieniu.

2 Zamaskuj największe prostokąty taśmą malarską. Zacznij od największego, nie zaznaczaj mniejszych, które na niego zachodzą.

3 Przelej 600 ml farby o stonowanym odcieniu do pojemnika i zmieszaj z nią łyżeczkę drobnego, umytego piasku, posługując się pędzlem 2,5 cm.

4 Posługując się pędzlem 7,5 cm, zamaluj oznaczone taśmą prostokąty. Rozprowadź farbę po powierzchni, a następnie tepuj ją czubkiem włosia, by wygładzić widoczne pociągnięcia i wyrównać strukturę. Usuń taśmę i odczekaj, aż farba wyschnie.

By uzyskać skoordynowany efekt dekoracyjny, tak dobierz kolor kontrastujący, by stanowił uzupełnienie koloru tkanin i obić w pokoju.

NIEZBĘDNE MATERIAŁY

☐ Emulsyjna farba matowa w trzech odcieniach jednego koloru (str. 23)
☐ Emulsyjna farba matowa w kolorze kontrastującym (str. 23)
☐ Wałek z owczej skóry
☐ Tacka malarska
☐ Poziomnica
☐ Ołówek
☐ Taśma malarska
☐ Pojemnik na farbę
☐ Drobny, umyty piasek
☐ Pędzel 2,5 cm
☐ Pędzel 7,5 cm

TECHNIKA PODSTAWOWA

☐ Malowanie (str. 24)

Problem:
nierówna ściana

Rozwiązanie:
maskowanie wizualne

Efekt:
ziarnista faktura

Czas:
1.5 godziny

5 Ponownie, posługując się poziomnicą i ołówkiem, nakreśl zachodzące na siebie prostokąty. Przyłóż poziomnicę do fragmentu linii, wciąż widocznego na tle, i przesuń wzdłuż niej ołówkiem, na zamalowanym już prostokącie.

6 Zmieszaj 600 ml farby w najciemniejszym odcieniu z drobnym piaskiem, jak poprzednio. Zamaskuj linie taśmą, zamaluj i wytepuj najciemniejsze prostokąty. Na koniec usuń taśmę i zamaluj w ten sam sposób prostokąty o kontrastującej barwie.

ROZWIĄZANIE 4. *Tapeta strukturalna*

Wyraźna i śmiała struktura w określonym kształcie będzie się wyróżniała i odciągała uwagę od nierówności ścian. Działanie tego efektu zależy od wielkości, kształtu i zastosowanych kolorów. Proste, geometryczne kształty są przyjemne dla oka i łatwe do osiągnięcia, ale jeśli zależy ci na bardziej skomplikowanym wzorze, wykonaj szablon i powtarzaj kształt na ścianie.

NIEZBĘDNE MATERIAŁY

- [ ] Tapeta strukturalna
- [ ] Miarka stalowa
- [ ] Śruba
- [ ] Sznurek
- [ ] Ołówek
- [ ] Nożyczki
- [ ] Emulsyjna farba matowa (str. 23)
- [ ] Pędzel 5 cm
- [ ] Klej do tapet
- [ ] Wałek gąbkowy
- [ ] Tacka malarska

TECHNIKI PODSTAWOWE

- [ ] Malowanie (str. 24)
- [ ] Tapetowanie (str. 31)

Problem:
nierówna ściana

Rozwiązanie:
maskowanie wizualne

Efekt:
akcenty strukturalne

Czas:
2 godz.

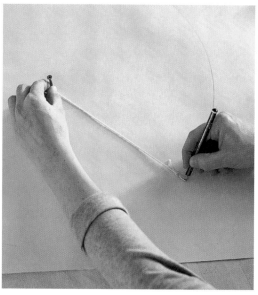

1 By wyciąć kółko, odmierz odległość od środka tapety do jednej z jej krawędzi, co pozwoli określić maksymalnie długi promień. Przywiąż jeden koniec sznurka do śruby, a drugi, zachowując odmierzoną długość, do ołówka. Umieść śrubę pośrodku tapety i napinając sznurek, nakreśl koło. Mała dziurka zniknie, gdy tapeta zostanie pomalowana.

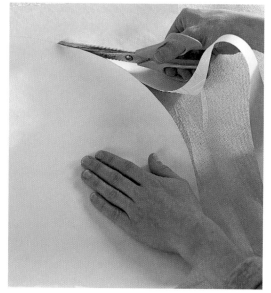

2 Wytnij kółko nożyczkami, dokładnie wzdłuż nakreślonej linii, tak aby jego krawędź była równa.

3 Zamaluj kółko farbą emulsyjną matową, nakładając dwie warstwy, jeśli będzie to konieczne, i odczekaj, aż wyschnie. Zastosuj tradycyjną technikę tapetowania, by przykleić kółka do ściany w wybranym przez ciebie porządku.

W przypadku uszkodzenia na pojedynczej ścianie, wybierz mocne kolory w ograniczonej liczbie kształtów. Jeśli trzeba zakryć mnóstwo uszkodzeń na kilku ścianach, staraj się zachować podobieństwo między kolorem tła, a kolorem tapety strukturalnej, by nie zdominować wnętrza. Pomalowanie wyciętych elementów przed ich naklejeniem zapewni osiągnięcie właściwego efektu i uwolni cię od konieczności ostrożnego krycia farbą wyciętego kształtu na ścianie.

ROZWIĄZANIE 5. *Zawieszenie tkaniny*

Szybkim i niezwykle dekoracyjnym rozwiązaniem w przypadku fragmentów nierówności
ściany jest zakrycie ich kawałkiem tkaniny.
Sprawdza się to najlepiej na ścianie, przy której
nie stoją żadne meble. Sekret powodzenia polega
na doborze tkaniny. Jeśli inne tkaniny dekoracyjne w pokoju są tego samego koloru albo stanowią
paletę subtelnych barw, można zastosować jakiś
wyrazisty wzór. Jeśli tkaniny w pokoju są wzorzyste i odznaczają się jaskrawymi kolorami, wybierz
neutralny kolor i fakturę swojej tkaniny – może to
być na przykład grubo tkana wełna. Jeśli lubisz
szyć, możesz skompletować dopełniające się, ale
różne resztki materiału i wykonać patchwork.

Niekiedy trzeba uprać tkaninę przed zawieszeniem, gdyż może być niedekatyzowana lub od
czasu do czasu oddać ją do pralni chemicznej.

Dla uproszczenia, dopasuj szerokość fragmentu ściany do szerokości tkaniny. Zagnij materiał
wzdłuż górnej i dolnej krawędzi i zszyj na maszynie, by można było u góry wciągnąć karnisz,
a u dołu wałek. Jeśli tkanina jest bardzo lekka albo bardzo długa, może zajść konieczność wszycia
dodatkowych tuneli w połowie, w jednej trzeciej
lub dwóch trzecich wysokości, i użycia wałków,
które sprawią, że tkanina będzie wisiała płasko,
a całość nabierze sztywności.

NIEZBĘDNE MATERIAŁY

☐ Tkanina o wymaganych
   rozmiarach
☐ Maszyna do szycia
☐ Nici
☐ Karnisz szerokości
   tkaniny i elementy
   mocujące
☐ Wałki

*Do zawieszenia
i obciążenia materiału
można użyć wałków
ozdobnych; przytnij wałki
dłuższe niż szerokość
tkaniny, tak aby wystawały
z jednej albo z obu stron.*

Problem:
nierówna ściana

Rozwiązanie:
maskowanie

Efekt:
ściana z tkaniną

Czas:
I godz.

ZNISZCZONA ŚCIANA

Jest to powszechny problem w domach starych i nowych. Zakres zniszczeń może obejmować dziury po śrubach i kołkach, jak i rozległe pęknięcia i szczeliny. W nowszych budynkach tynk być może nie zdążył wyschnąć, nim został pomalowany, i dlatego popękał. W starszych tynk po prostu niszczeje i przy próbie usunięcia starej tapety, jego kawałki odchodzą wraz z nią albo też tynk się niszczy przy zeskrobywaniu papieru ze ścian. Istnieje kilka rozwiązań tego problemu – od trwałych napraw, które zabiorą trochę czasu, ale usuną poważne uszkodzenia – do szybkich i łatwych metod maskujących. Jeśli jednak ściana jest mocno popękana, skonsultuj się z fachowcem budowlanym, gdyż może być to sygnał pewnych problemów konstrukcyjnych, które będą wymagały radykalnych środków.

ROZWIĄZANIE 1. *Gruby papier do wyklejania ścian*

Gruby papier do wyklejania ścian to dobre rozwiązanie w przypadku płytkich zniszczeń, np. śladów pozostawionych przez skrobak do tapet. Są na tyle wyraźne, by wykluczyć użycie jedynie farby. Papier do wyklejania ścian zakryje te drobne wgłębienia. Przy wyklejaniu ścian zastosuj tradycyjną technikę tapetowania. Po przyklejeniu papieru należy odczekać do rana, by wysechł przed malowaniem. Przy nakładaniu emulsyjnej farby matowej zastosuj wałek albo pędzel.

NIEZBĘDNE MATERIAŁY

☐ Gruby papier do wyklejania ścian (str. 23)

☐ Klej do tapet

☐ Woda

☐ Pojemnik na farbę

☐ Pędzel do kleju

☐ Szczotka do tapet

☐ Wałek do spoin

☐ Wałek gąbkowy

☐ Tacka malarska

☐ Emulsyjna farba matowa (str. 23)

TECHNIKI PODSTAWOWE

☐ Tapetowanie (str. 31)

☐ Malowanie (str. 24)

Problem:
zniszczona ściana

Rozwiązanie:
trwałe

Efekt:
gładki papier

Czas:
3 godz.

UWAGI

Jeśli się martwisz, że zniszczenia na ścianie uwidocznią się mimo wyklejonego papieru, możesz położyć drugą jego warstwę. Należy w takim przypadku przykleić papier poziomo wokół całego pokoju, a następnie drugą warstwę pionowo. Położenie pierwszej warstwy może być trudne, warto więc zastanowić się nad zapewnieniem sobie profesjonalnej pomocy.

ROZWIĄZANIE 2. *Paski z kolażami*

Rozwiązanie to jest idealne w przypadku niewiel-kich powierzchni o małych uszkodzeniach; najlepiej zastosować je w skądinąd nieciekawym i niewielkim pokoju. Na dużej powierzchni efekt jest zbyt wyrazisty i dominujący. By uniknąć niszczenia fotografii, które zamierzasz umieścić na kolażu, wykonaj barwne fotokopie swoich ulubionych zdjęć – papier, na którym wykonuje się fotokopie, jest cienki i łatwiej go kleić niż oryginalne fotografie.

Wybierz kolor tła o intensywnym kolorze i pokryj ścianę dwiema warstwami farby. Posługując

się ołówkiem i linijką, zaznacz na ścianie krawędzie wstęg kolażowych. Nałóż cienką warstwę kleju na spodnią część każdej fotokopii, tak aby zachodziły nieznacznie na siebie i zakrywały linie nakreślone ołówkiem. Na koniec pokryj ich powierzchnie lakierem, by zapobiec płowieniu kolorów, co może nastąpić wraz z upływem czasu.

> **UWAGI**
>
> *Ciekawy efekt uzyskasz, jeśli fotokopie będą miały postrzępione brzegi.*

By stworzyć jak najbardziej efektowny kolaż, starannie wybierz zdjęcia.

NIEZBĘDNE MATERIAŁY

- ☐ Emulsyjna farba matowa (str. 23)
- ☐ Wałek z owczej skóry
- ☐ Tacka malarska
- ☐ Kolorowe fotokopie
- ☐ Linijka
- ☐ Klej
- ☐ Pędzel 2,5 cm
- ☐ Szczotka do tapet
- ☐ Lakier wodny

TECHNIKA PODSTAWOWA

- ☐ Tapetowanie (str. 31)

Problem:
zniszczona ściana

Rozwiązanie:
trwałe

Efekt:
barwne pasy

Czas:
2 godz.

ROZWIĄZANIE 3. *Efekt surowego tynku*

1 Przygotuj własną farbę strukturalną, mieszając emulsję z masą szpachlową do ścian. Przelej 600 ml farby do wiaderka, a następnie dodawaj stopniowo trochę masy szpachlowej, mieszając pędzlem 2,5 cm. Upewnij się, że farba jest dobrze zmieszana i nie ma w niej grudek. Dodawaj szpachli, aż farba osiągnie zwartą, lecz plastyczną konsystencję. Nie przygotowuj za jednym razem więcej niż 600 ml mieszaniny, gdyż może ona stwardnieć, nim zdążysz ją zużyć.

> ### UWAGI
>
> - *Ruchy pędzla powinny być mniej więcej takie same; wykręcaj dłoń w nadgarstku, by równomiernie i łatwo nakładać farbę pod zmiennymi kątami.*
> - *W miejscach mocno zniszczonych nakładaj grubszą warstwę struktury. W tym celu trzymaj pędzel prawie równolegle do ściany i nakładaj mieszaninę na powierzchnię.*

2 Posługując się pędzlem 10 cm, nakładaj farbę strukturalną na ścianę. Zanurz włosie w farbie i usuń jej nadmiar, ocierając jedną stronę pędzla o brzeg wiadra. Zacznij od góry, potem przesuń się w bok i w dół, nakładając farbę krótkimi ruchami pędzla. Za każdym razem trzymaj pędzel pod innym kątem, by osiągnąć efekt struktury. Musisz nanieść tylko jedną warstwę, ale jeśli farba nie wypełni jakiegoś pęknięcia za pierwszym razem, nabierz więcej mieszaniny na pędzel i zamaluj określone miejsce po raz drugi.

Możesz wykorzystać zniszczenia powierzchni dla uzyskania efektu. Zastosuj farbę strukturalną do wypełnienia największych dziur i zakrycia ubytków i pęknięć, osiągając efekt surowego tynku. Jest to rozwiązanie wymagające położenia tylko jednej warstwy, która zawiera w sobie zarówno kolor, jak i strukturę, nie trzeba więc później malować ściany.

Jeśli w przyszłości zechcesz zmienić rodzaj powierzchni, ponowne otynkowanie jest jedynym rozwiązaniem.

Jeśli niektóre pęknięcia będą po wyschnięciu farby wciąż widoczne albo gdy struktura wydaje się miejscami zbyt delikatna, zmieszaj więcej farby i masy szpachlowej, i ponownie zamaluj te miejsca, wygładzając styki z pierwszą warstwą.

NIEZBĘDNE MATERIAŁY

- ☐ Wiadro
- ☐ Emulsyjna farba matowa (str. 23)
- ☐ Masa szpachlowa w proszku
- ☐ Pędzel 2,5 cm
- ☐ Pędzel 10 cm

TECHNIKA PODSTAWOWA

- ☐ Malowanie (str. 24)

Problem:
zniszczona ściana

Rozwiązanie:
trwałe

Efekt:
wyrazista struktura

Czas:
1,5 godz.

ROZWIĄZANIE 4. *Strukturalna warstwa wierzchnia*

Jest to dobre rozwiązanie w przypadku bardzo zniszczonych ścian, ponieważ możesz zakryć wszystkie uszkodzenia, nakładając i wyrównując wierzchnią warstwę. Technikę tę łatwo też stosować na dużych powierzchniach. Jej celem jest stworzenie na całej ścianie jednolitej, niepofałdowanej struktury. Będzie pasować zarówno do tradycyjnego, jak i nowoczesnego wnętrza.

1 Pracuj na niewielkich, łatwych do pokrycia fragmentach o boku około 30 cm, w poprzek ściany. Posługując się pędzlem, nakładaj grubą warstwę tynku strukturalnego na ścianę, a następnie wygładzaj, by uzyskać równą warstwę.

2 Trzymaj pacę pod kątem, tak aby tylko jej długa krawędź stykała się ze ścianą. Wygładzaj lekko strukturę długimi, zamaszystymi ruchami. Nie staraj się uzyskać idealnie gładkiej powierzchni; nieregularności stanowią część efektu.

NIEZBĘDNE MATERIAŁY

- ☐ Tynk strukturalny (str. 23)
- ☐ Pędzel 10 cm
- ☐ Packa tynkarska
- ☐ Emulsyjna farba matowa
- ☐ Wałek z owczej skóry
- ☐ Tacka malarska

TECHNIKI PODSTAWOWE

- ☐ Nakładanie struktury (str. 30)
- ☐ Malowanie (str. 24)

Problem:
zniszczona ściana

Rozwiązanie:
trwałe

Efekt:
delikatna struktura

Czas:
2,5 godz.

Odczekaj, aż ściana wyschnie przez noc, a następnie, posługując się wałkiem z owczej skóry, pomaluj ją farbą emulsyjną. Powierzchnia jest wysoce chłonna, wymaga więc podkładu. Dlatego zawsze nakładaj dwie warstwy farby, nawet jeśli kolor po pierwszym malowaniu wydaje się jednolity i wyraźny.

UWAGI

- Kiedy pracujesz w narożniku albo obok listwy przypodłogowej, wyrównaj warstwę na ścianie, tak aby w tych miejscach była jak najbardziej gładka.
- Jeśli mieszanina jest nieco za rzadka i trudno jest uzyskać wyrównaną powierzchnię, odczekaj około 20 min., by nieco wyschła, a potem nałóż jeszcze jedną warstwę. Jeśli stwierdziłeś, że ściana wyschła za bardzo, spryskaj ją wodą.

ROZWIĄZANIE 5. *Wypełnianie ubytków i szlifowanie*

Kiedy zniszczenia na ścianie występują tylko w określonych miejscach, wypełnienie ubytków, a następnie szlifowanie przywróci ścianie gładkość. Ten rodzaj uszkodzeń występuje powszechnie po zakładaniu nowej instalacji elektrycznej albo usuwaniu gwoździ czy kołków, na których wisiały obrazy. Najlepiej użyć do tego celu masy szpachlowej. Jeśli użyjesz jej w zbyt dużej ilości, powstanie wybrzuszenie wymagające intensywnego szlifowania, przez co uzyskanie gładkiej powierzchni będzie trudniejsze. Jeśli użyjesz zbyt małej ilości masy, powstanie wgłębienie wymagające ponownego wypełnienia. Najlepiej gdy masa szpachlowa wysycha lekko wybrzuszona – wypełnia ubytek i jednocześnie nie wymaga intensywnego szlifowania. Nie spiesz się, nakładając masę, a potem szlifując, a wybrzuszenie będzie niewidoczne.

1 Rozprowadź masę szpachlową na uszkodzonym miejscu, upewniając się, że szczelnie wypełnia dziury i pęknięcia. Posługując się packą, wygładź szpachlę możliwie najdokładniej, ale lepiej, jeśli na tym etapie będzie odrobinę wybrzuszona, gdyż w przeciwnym razie może się zapaść w czasie schnięcia. Odczekaj, aż wyschnie; czas schnięcia zależy od grubości masy szpachlowej i temperatury w pokoju.

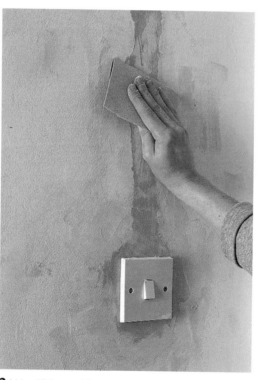

2 Wyszlifuj szpachlę, zwracając szczególną uwagę na miejsca, gdzie styka się z nieuszkodzoną powierzchnią ściany. Pomaluj całą ścianę.

UWAGI

Szczegóły, jak na przykład wymiana zwykłych kontaktów na bardziej stylowe, wpłyną w ogromnym stopniu na ogólny efekt dekoracyjny. Pamiętaj, że wszelkie prace elektryczne powinien wykonać wykwalifikowany fachowiec.

By sprawdzić gładkość powierzchni, przesuń po niej dłonią; palcami odkryjesz wszelkie nierówności znacznie skuteczniej niż wzrokiem. Jeśli, po malowaniu, wgłębienia się uwidocznią, wypełnij je ponownie i pomaluj jeszcze raz.

NIEZBĘDNE MATERIAŁY

- ☐ Masa szpachlowa
- ☐ Mała packa
- ☐ Drobnoziarnisty papier ścierny
- ☐ Emulsyjna farba matowa (str. 23)
- ☐ Wałek z owczej skóry
- ☐ Tacka malarska

TECHNIKA PODSTAWOWA

- ☐ Malowanie (str. 24)

Problem:
zniszczona ściana

Rozwiązanie:
trwałe

Efekt:
gładka ściana

Czas:
30 min

ROZWIĄZANIE 6. *Imitacja boazerii*

Jest to idealne rozwiązanie w przypadku starszego czy bardziej tradycyjnego domu. Wymaga trochę czasu, ale nadaje przestrzeni prawdziwą elegancję i potęguje wrażenie perspektywy. Ponieważ płyty pilśniowe są bardzo gładkie, to nawet drobne uszkodzenia, które mogą być widoczne między panelami, powinny być wypełnione masą szpachlową.

Najpierw zaznacz i nakreśl linię w odległości 10 cm od dolnego gzymsu, listwy przypodłogowej czy ściennej. Następnie podziel ją na całej długości na równe odcinki szerokości około 30 cm, uwzględniając między nimi odstępy 7,5 cm. Jeśli to konieczne, możesz dodać na końcu połówkę panelu, by zgrabnie wypełnić dekorowaną powierzchnię.

1 Poproś stolarza o przycięcie płyt pilśniowych według podanego wymiaru. Dzięki maszynowo przyciętym krawędziom twoje panele będą wyglądały profesjonalnie.

Jeśli musisz zakrywać panelami powierzchnię przy schodach, przytnij najpierw panel na całej długości. Następnie posłuż się regulowaną przykładnicą, by zmierzyć – według gzymsu u góry i listwy przypodłogowej u dołu – kąt nachylenia schodów i odwzorować go na płycie pilśniowej. Tnij wzdłuż zaznaczonych linii wyrzynarką i wygładź krawędzie papierem ściernym.

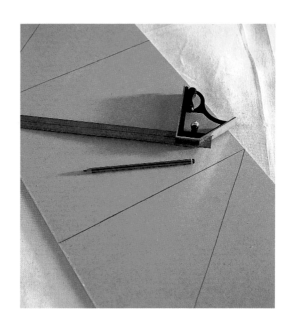

NIEZBĘDNE MATERIAŁY

☐ Płyta grubości 6 mm
☐ Ołówek
☐ Miarka stalowa
☐ Regulowana przykładnica
☐ Wyrzynarka
☐ Drobnoziarnisty papier ścierny
☐ Klej montażowy
☐ Masa szpachlowa
☐ Emulsyjna farba matowa (str. 23)
☐ Pędzel

Problem:
zniszczona ściana

Rozwiązanie:
trwałe

Efekt:
wypukłe panele

Czas:
3,5 godz.

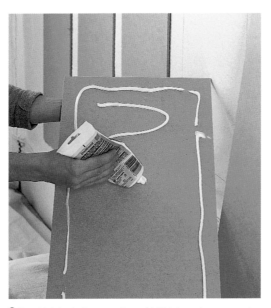

2 Przyklejając jeden panel, wyciśnij klej z tuby, posuwając się wzdłuż krawędzi, a potem nakładaj go zawijasami pośrodku płyty.

3 Przyłóż panel do ściany według zaznaczonych ołówkiem linii. Przyciśnij mocno, by klej odpowiednio chwycił.

Boazerię kładzie się tradycyjnie tylko pod gzymsem biegnącym przez środek ściany, ale górna część ściany też może być wyłożona panelami, przy zastosowaniu tej samej techniki. Uzyskasz dzięki temu wrażenie większej elegancji.

4 Jeśli panel nie przywiera płasko do nierównego kawałka ściany, wbij wzdłuż jego krawędzi, pod kątem, małe gwoździki, które przytrzymają go w odpowiedniej pozycji w czasie schnięcia kleju.

5 Rozprowadź masę szpachlową wzdłuż krawędzi każdego panelu, zakrywając jego linię styku ze ścianą, a także wypełniając większe ubytki w miejscach, gdzie ściana jest nierówna. Wygładź masę i poczekaj, aż wyschnie. Pomaluj całą ścianę, łącznie z panelami, na ten sam kolor.

ROZWIĄZANIE 7. *Panel z płótna*

Zakryj zniszczoną część ściany panelem obciągniętym płótnem. Jest to dobre rozwiązanie na przykład w miejscu, gdzie zamurowano okno. Zmierz uszkodzoną powierzchnię i wykonaj panel o dostatecznie dużych rozmiarach, by ją zakrył.

NIEZBĘDNE MATERIAŁY

☐ 2 drewniane listwy grubości 2,5 na 5 cm i długości płóciennego panelu

☐ 2 drewniane listwy grubości 2,5 na 5 cm i szerokości płóciennego panelu minus 5 cm

☐ Cztery nakładki płaskie kątowe

☐ Szydło płaskie

☐ 16 śrub 2 cm

☐ Płótno o wymiarach panelu plus 10 cm po każdej stronie

☐ Zszywacz

☐ Emulsyjna farba matowa

☐ Pędzel 2,5 cm

☐ Sznurek, ołówek i cyrkiel

Problem:
zniszczona ściana

Rozwiązanie:
maskowanie fizyczne

Efekt:
pomalowany panel

Czas:
4 godz.

1 Umieść krótsze listwy między końcami dłuższych, węższym bokiem do góry. Połóż kątową płaską nakładkę na każdym z połączonych rogów panelu i za pomocą szydła zaznacz miejsca na śruby. Następnie wkręć w każdy otwór śrubę.

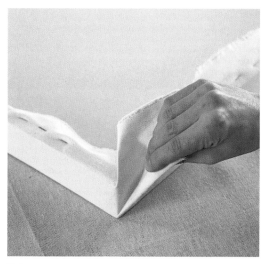

3 Zawiń płótno przy narożnikach, tak jak pokazano to tutaj, by uzyskać prawidłowy rezultat. Po nałożeniu dwóch warstw farby namaluj na płótnie wybrany wzór.

2 Rozłóż płasko płótno i pośrodku niego umieść drewnianą ramę. Zawiń po jednej stronie materiał na spodnią część ramy, a następnie, za pomocą zszywacza, wbij pośrodku zszywkę w krótszy bok listwy. Naciągnij płótno i powtórz czynność po drugiej stronie ramy. Zrób to samo z pozostałymi naprzeciwległymi listwami. Wróć do pierwszej listwy i, posuwając się najpierw w jedną, a potem w drugą stronę od środkowej zszywki, przytwierdź płótno do ramy, zatrzymując się 5 cm przed narożnikami. Powtórz wszystko po przeciwległej stronie, a potem przy pozostałych dwóch bokach ramy.

UWAGI

● W przypadku większych ram będziesz potrzebował rozpórek poprzecznych, aby drewno nie wygięło się pod naporem naprężonego płótna. Powinny być przytwierdzone płaską stroną do góry, za pomocą gwoździ wbitych przez zewnętrzną część ramy w końcówki rozpórki, na obu końcach. Panel, który mierzy 60 x 60 cm, nie wymaga rozpórek. Panel o rozmiarach 60 cm x 1,2 m wymaga jednej rozpórki wzdłuż dłuższego boku. Panel o rozmiarach 1,2 x 1,2 m wymaga dwóch rozpórek w kształcie krzyża.

W przypadku prostego wzoru posłuż się metodą sznurka i ołówka (str. 44), by nakreślić dużą ćwiartkę koła i półkole, i obrysuj talerze kuchenne, by nakreślić małe półkola. Zamaluj figury emulsją w kolorach, które dopełnią całości zamierzonego efektu.

PŁYTKI

Płytki różnią się od siebie rozmiarami, rodzajami i ceną; w zależności od efektu, jaki chcesz osiągnąć, wyłożenie nimi większej powierzchni może być kosztowne. Najtańsze i najpopularniejsze płytki są gładkie, białe o kształcie kwadratu o boku 15 cm. Tworzą solidną powierzchnię, ale niezbyt ciekawą. Jednakże, gdy budżet dyktuje ich zastosowanie, istnieją rozwiązania, które pozwolą uzyskać dosyć ciekawy efekt. Jeśli powierzchnia, która ma być wyłożona płytkami, jest nierówna, co może wpłynąć na końcowy rezultat, glazurę można umieścić na płycie przyciętej do odpowiednich rozmiarów, którą następnie przytwierdza się do ściany przy użyciu silnego kleju.

ROZWIĄZANIE 1. *Nieciekawe płytki i barwna fuga*

Zwykłe, typowe płytki mogą tworzyć bogatą i stylową powierzchnię, jeśli ułoży się je w dużych odstępach. Zastosowanie barwnej fugi nada powierzchni bardziej rustykalny i mniej oficjalny charakter.

1 Kiedy już wyłożyłeś ścianę płytkami i klej wysechł, przygotuj fugę. Dodaj proszek do wody według zaleceń producenta. Nigdy nie dodawaj wody do proszku, ponieważ tworzą się grudy, które trudno rozbić.

2 Zamieszaj dokładnie substancję, aż znikną wszystkie grudy, a fuga będzie gładka.

NIEZBĘDNE MATERIAŁY

☐ Klej do płytek
☐ Packa do kleju
☐ Płytki (str. 23)
☐ Fuga w proszku
   (do szerokich spoin)
☐ Woda
☐ Mieszadło
☐ Packa do fugi
☐ Wilgotna ściereczka
☐ Sucha ściereczka

TECHNIKA PODSTAWOWA

☐ Wykładanie płytkami
   (str. 32)

Problem:
nieciekawe płytki

Rozwiązanie:
zmiana powierzchni

Efekt:
gładkie płytki

Czas:
2 godz.

3 Nabierz trochę fugi na koniec packi i rozprowadź ją po płytkach, wypełniając obficie szczeliny między nimi. Posługując się krawędzią pacy, zbierz nadmiar fugi z płytek, tak aby ich powierzchnia była możliwie gładka. Ponieważ przerwy między płytkami są szerokie, uzyskanie idealnej równości może być trudne. Nałóż tyle fugi, by odrobinę wystawała, i pozwól jej stwardnieć – nie dłużej niż godzinę – a następnie przesuwaj po niej mokrą szmatką i pocieraj, aż stanie się gładka.

4 Odczekaj, aż fuga będzie na tyle twarda, by móc zetrzeć jej nadmiar z płytek wilgotną szmatką, nie naruszając samej fugi. Potem odczekaj, aż wyschnie całkowicie, a następnie zetrzyj jej resztki suchą szmatką.

UWAGI

Ponieważ odstępy między płytkami są bardzo szerokie, musisz użyć specjalnej fugi, zwykle dostępnej tylko w formie proszku. Rozwiązanie to najlepiej stosować w miejscach, które nie są zbytnio narażone na zamoczenie – nad blatem szafki kuchennej, a nie na przykład za zlewem – gdyż brudna woda i olej mogą pozostawić ślady na fudze, a ponieważ w tym przypadku jest ona szeroka i dobrze widoczna, wszelkie plamy będą stanowić poważny problem.

Fuga zajmie bardzo dużo miejsca, więc pamiętaj o zachowaniu równowagi kolorystycznej między fugą a płytkami.

Jeśli kolor fugi będzie zbyt jaskrawy, powstanie efekt kratownicy.

ROZWIĄZANIE 2. *Pasek mozaiki*

Płytki mozaikowe wzbogacą zwykłą glazurę, a zastosowane z umiarem stanowią niezbyt kosztowne rozwiązanie. Musisz jednak starannie rozważyć ostateczny efekt. Zbyt wiele kolorów zdominuje zwykłe, jednobarwne płytki, podobnie jak jeden wyrazisty kolor czy też zbyt wiele rzędów mozaiki. Przed klejeniem warto przećwiczyć różne warianty ułożenia.

1 Rozprowadź klej na powierzchni, na której zamierzasz położyć mozaikę. Pokrywaj za jednym razem niewielki fragment, by klej nie wysechł, nim dojdziesz do tego miejsca. Zaczynając z jednego końca, przyciskaj płytki do kleju. Zachowuj niewielki odstęp i oceniaj go na oko. Odczekaj, aż powierzchnia wyschnie.

Jeśli wyłożyłeś płytkami półkę, która została następnie przytwierdzona do ściany, wykończ jej wierzchnią część szeregiem płytek.

2 Nabierz trochę fugi na narożnik packi i rozprowadź po płytkach, wciskając w szczeliny, aż się całkowicie wypełnią. Kiedy fuga będzie mocna, ale nie sucha, zetrzyj jej nadmiar wilgotną szmatką. Odczekaj, aż fuga wyschnie, a następnie usuń jej resztki suchą szmatką.

UWAGI

Jeśli spomiędzy płytek wystaje klej, odczekaj około 10 minut, a następnie usuń nadmiar miękką szczotką, uważając, by przy okazji nie poruszyć mozaiki.

NIEZBĘDNE MATERIAŁY

☐ Klej do płytek
☐ Packa do kleju
☐ Płytki mozaikowe (str. 23)
☐ Gotowa fuga
☐ Packa do fugi
☐ Wilgotna ściereczka
☐ Sucha ściereczka

TECHNIKA PODSTAWOWA

☐ Wykładanie płytkami (str. 32)

Problem:
jednobarwne płytki

Rozwiązanie:
zmiana powierzchni

Efekt:
pasek mozaiki

Czas:
1 godz.

NIEATRAKCYJNE PŁYTKI

Kiedy kupujesz jakąś nieruchomość, jest bardzo prawdopodobne, że ściany będą już wyłożone glazurą. Jeśli masz szczęście, będzie ona atrakcyjna albo po prostu, jednobarwna. Może się jednak okazać, że płytki są w nieciekawych kolorach i wzorach, czy na przykład o strukturalnej powierzchni. Istnieją w tym wypadku dwa rozwiązania – oba pozwalające uniknąć wysokich kosztów i kłopotów związanych z usuwaniem starych płytek.

Zarówno jedno, jak i drugie rozwiązanie nie jest czasochłonne, więc nawet jeśli zamierzasz wymienić glazurę, kiedy będzie cię na to stać, warto chwilowo coś z nią zrobić.

ROZWIĄZANIE 1. *Wyrazisty kolor*

1 Pracując na fragmentach powierzchni o boku około 1 m i posługując się pędzlem, pomaluj podkładem powierzchnię przy krawędzi każdej płytki, zakrywając całkowicie fugę. Jeśli pokrywasz płytki kolorem innym niż biały, można podkład zabarwić tak, by współgrał z tym kolorem. Od razu, posługując się wałkiem, nałóż na płytki podkład, wygładzając ślady pędzla, by uzyskać gładką powierzchnię. Odczekaj, aż wyschnie.

2 W ten sam sposób pomaluj krawędzie i płytki farbą półmatową. Wałek pozostawia cienką warstwę, więc jeśli płytki były w ciemnym albo mocnym kolorze, będziesz potrzebował więcej farby. Jeśli podkład był barwiony, dopilnuj, by wierzchnia warstwa farby nie stykała się z linią fugi.

Odczekaj, aż powierzchnia wyschnie, a następnie pomaluj ją wałkiem, stosując bezbarwną emalię o wysokim połysku, unikając kontaktu z linią fugi. Podkład pokrywający fugę będzie imitował matową powierzchnię prawdziwej fugi na tle płytek ceramicznych o wysokim połysku.

Jeśli płytki są gładkie i dobrze położone, ale nieatrakcyjne kolorystycznie, możesz je pomalować. Użyj wałka z gąbki do położenia podkładu, półmatowej farby do drewna i emalii o wysokim połysku.

Pamiętaj, że pastele nie wyglądają dobrze, więc wybierz bogate albo głębokie odcienie.

NIEZBĘDNE MATERIAŁY

- [ ] Podkład
- [ ] Pędzel 2,5 cm
- [ ] Wałek gąbkowy
- [ ] Półmatowa farba do drewna
- [ ] Bezbarwna emalia o wysokim połysku

TECHNIKA PODSTAWOWA

- [ ] Malowanie (str. 24)

UWAGI

Jeśli chcesz użyć koloru innego niż biały, obejrzyj płytki w sklepie z glazurą i dobierz kolor farby do faktycznej barwy płytek na wystawie.

Do malowanie płytek najlepiej nadaje się kolor biały, gdyż można nim pokryć zarówno same płytki, jak i fugę, poza tym kolor biały stwarza wrażenie czystości.

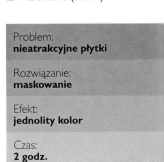

Problem:
nieatrakcyjne płytki

Rozwiązanie:
maskowanie

Efekt:
jednolity kolor

Czas:
2 godz.

ROZWIĄZANIE 2. *Barwienie pozłotą*

Najmniej fortunne płytki, jakie możesz odziedziczyć wraz z domem, to te o strukturalnej powierzchni. Zastosowanie śmiałych metalicznych odcieni odwróci uwagę od wzoru. Staje się on sprawą drugorzędną, gdyż jest zdominowany przez srebrny kolor i złagodzony przez niejednolite wykończenie powierzchni. Pozłotę nakłada się jak pastę do butów.

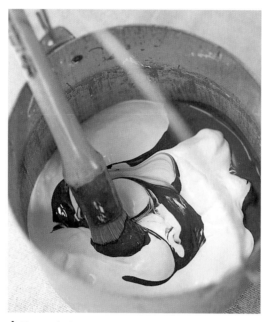

1 Zastosuj ciemnoszary podkład pod pozłotę. Jest on dostępny w sklepach, ale jeśli twój lokalny dostawca nie ma go, bez trudu przygotujesz własny, mieszając biały podkład z czarnym barwnikiem. Zawiera on silne pigmenty, więc dodawaj go po trochu i mieszaj, aż uzyskasz właściwy odcień.

2 Posługując się pędzlem, zamaluj płytki barwionym podkładem, pamiętając, by całkowicie zakryć fugę. Jeśli oryginalny kolor płytek jest intensywny podkład może wyglądać nierówno, więc połóż drugą warstwę. Odczekaj, aż wyschnie.

NIEZBĘDNE MATERIAŁY

- ☐ Ciemnoszary podkład (albo czarny barwnik i biały podkład)
- ☐ Pędzel 2,5 cm
- ☐ Miękka szmatka
- ☐ Srebrna i grafitowa pasta
- ☐ Bezbarwna emalia o wysokim połysku
- ☐ Wałek gąbkowy
- ☐ Tacka malarska

TECHNIKA PODSTAWOWA

- ☐ Malowanie (str. 24)

Problem:
nieatrakcyjne płytki

Rozwiązanie:
maskowanie

Efekt:
łaciaty metalik

Czas:
2 godz.

3 Owiń na palcu wskazującym kawałek szmatki i zanurz go w pozłocie. Uderzając palcem, nałóż pastę na płytkę, a następnie, kolistym ruchem, rozprowadź po jej powierzchni, pokrywając ją całkowicie. Przesuń palcem wzdłuż krawędzi płytek, trzymając szmatkę płasko na palcu, by pasta nie dostała się do wgłębienia fugi.

Rozprowadź pastę grafitową po warstwie pasty srebrnej w ten sam sposób, ale niedokładnie, tak aby nie pokrywał srebra, co da „łaciaty" efekt. Odczekaj do rana, by stwardniał.

Posługując się wałkiem, nałóż warstwę bezbarwnej emalii o wysokim połysku, ponownie pamiętając, by nie zakrywać linii fugi.

UWAGI

Jeśli fuga między niektórymi płytkami wystaje, w związku z czym przez przypadek wtarłeś w nią trochę kremu albo zamalowałeś emalią, dokończ pracę, a następnie pomaluj fugę na ciemnoszary matowy kolor, używając pędzla o rzadkim włosiu i zabarwionego podkładu.

Szybkie, proste rozwiązanie pozwoliło przekształcić jasnopomarańczowe płytki w nowoczesne metaliczne, idealne do współczesnej kuchni.

PŁYTKI PRZY OGRANICZONYM BUDŻECIE

Płytki różnią się jakością i ceną, a zaplanowany przez ciebie efekt może być w znacznej mierze uzależniony od budżetu, jakim dysponujesz. Rozwiąż ten problem, nadając tańszym płytkom bardziej dekoracyjny charakter. Zmień kształt, zastosuj różne kolory i użyj płytek o innych wymiarach, tworząc z nich oryginalny wzór. Metoda ta zapewnia nie tylko atrakcyjniejszy wygląd całości, ale też odwraca uwagę od gorszej jakości tańszych płytek.

ROZWIĄZANIE I. *Pasma mozaiki*

Rozwiązanie to polega na zastosowaniu pasów mozaiki, co pozwala szerzej rozplanować zasadniczą glazurę, więc będziesz jej potrzebował mniej. Wyłóż płytkami powierzchnię, tak jak opisano to w części „Nieciekawe płytki" (str. 56), zachowując między płytkami odstęp 4 cm. Następnie, posługując się wąskim brzegiem packi, rozprowadź więcej kleju między płytkami i połóż w tych miejscach mozaikę, układając ją równo między brzegami głównych płytek. Kiedy klej wyschnie, zafuguj całą glazurę.

Płytki mozaikowe są dostępne w szerokim zakresie kolorów. W celu osiągnięcia delikatniejszego, bardziej rustykalnego charakteru, płytki mozaikowe można kłaść odwrotnie, tak aby było widać ich żłobiony spód.

NIEZBĘDNE MATERIAŁY

☐ Płytki (str. 23)
☐ Płytki mozaikowe (str. 23)
☐ Klej do glazury
☐ Packa do kleju
☐ Gotowa fuga
☐ Packa do fugi
☐ Mokra gąbka
☐ Sucha szmatka

TECHNIKA PODSTAWOWA

☐ Wykładanie płytkami (str. 32)

Problem:
ograniczony budżet

Rozwiązanie:
trwałe

Efekt:
płytki różnej wielkości

Czas:
3 godz.

ROZWIĄZANIE 2. *Wykładanie połamanymi płytkami*

1 Połam płytki, uderzając je młotkiem pośrodku. Włóż przy tej czynności okulary ochronne, ponieważ kawałki glazury mogą przy rozbijaniu fruwać w powietrzu. Połam wszystkie płytki i pogrupuj osobno kolory, tak abyś nie miał kłopotów z odszukaniem kawałka o odpowiedniej barwie i kształcie. Możesz włożyć przy tej czynności rękawice, ponieważ krawędzie połamanych płytek bywają ostre.

2 Rozprowadź klej do glazury na powierzchni, która ma być wyłożona. Zacznij od narożników, wciskając kawałki płytek w warstwę kleju. Posuwaj się wzdłuż boków, a następnie ku środkowi, dobierając różne kolory i tworząc określony wzór. Odczekaj, aż klej wyschnie.

UWAGI

Użyj kawałków glazury z zachowanymi rogami, by oznaczyć narożniki wykładanej powierzchni. Wzdłuż boków ułóż kawałki z równymi krawędziami. Dzięki temu obwód wykładanej powierzchni nie będzie postrzępiony.

3 Wyciśnij fugę z tuby bezpośrednio w odstępy między kawałkami płytek. Posługując się pacą, wygładź fugę tak, aby wypełniła całkowicie szczeliny. Kiedy wyschnie, zetrzyj nadmiar wilgotną gąbką, a następnie wypoleruj powierzchnię suchą szmatką.

By nie przytłumić płytek, upewnij się, że kolor fugi nie odznacza się najciemniejszym z wszystkich odcieni.

Zgrupowanie płytek o dopełniających się odcieniach i różnych kształtach uatrakcyjni ścianę, a barwna fuga odwróci uwagę od gorszej ich jakości. Ponadto połamane płytki otoczone są szerszą fugą, więc będziesz potrzebował ich mniej niż w przypadku techniki tradycyjnej. Kluczem do tego rozwiązania jest odpowiednie rozplanowanie, zmieniaj więc ułożenie płytek, aż kształty będą do siebie pasować, a kolory się zrównoważą.

NIEZBĘDNE MATERIAŁY

- ☐ Płytki
- ☐ Młotek
- ☐ Okulary ochronne
- ☐ Rękawice ochronne
- ☐ Klej do płytek
- ☐ Packa do kleju
- ☐ Gotowa barwna fuga
- ☐ Packa do fugi
- ☐ Wilgotna gąbka
- ☐ Sucha szmatka

TECHNIKA PODSTAWOWA

- ☐ Wykładanie płytkami (str. 32)

Problem:
ograniczony budżet

Rozwiązanie:
trwałe

Efekt:
kolorowe płytki

Czas:
6 godz.

WODOSZCZELNOŚĆ

Jeśli musisz uszczelnić ścianę za zlewem czy umywalką, a wykładanie glazurą jest zbyt kosztowne lub też ściana jest na to zbyt słaba, istnieją rozwiązania alternatywne, z których każde odznacza się prostotą. Nie wymagają wiele zachodu i wysokich kosztów, a jednocześnie wzbogacają wystrój wnętrza.

Rozwiązania wymagające malowania można dostosowywać do każdej powierzchni. Twarde materiały, stosowane przy niektórych, powinny być profesjonalnie przycięte do wymaganego kształtu i rozmiaru.

ROZWIĄZANIE 1. *Powierzchnia lakierowana na wysoki połysk*

To najtańsze z rozwiązań. Emalia wysycha, dając twardą, wodoodporną, lśniącą powierzchnię. Oznacz taśmą malarską fragment ściany, który ma być pomalowany.

Pomaluj całą ścianę emulsyjną farbą matową i odczekaj, aż wyschnie. Zmierz i zakreśl powierzchnię, która ma być uszczelniona, a następnie zaznacz ją taśmą malarską. Posługując się pędzlem, pomaluj zaznaczony fragment bezbarwną emalią o wysokim połysku. Usuń natychmiast taśmę i odczekaj, aż powierzchnia wyschnie. Położ drugą warstwę emalii.

Jeśli pod taśmę dostało się trochę emalii, poczekaj, aż wyschnie, i zamaluj ją farbą emulsyjną.

Emalia pogłębi każdy kolor tła, więc powinieneś wypróbować efekt na palecie, nim pomalujesz ścianę.

NIEZBĘDNE MATERIAŁY

- ☐ Emulsyjna farba matowa (str. 23)
- ☐ Wałek z owczej skóry
- ☐ Tacka malarska
- ☐ Taśma malarska
- ☐ Pędzel 2,5 cm
- ☐ Bezbarwna emalia o wysokim połysku

TECHNIKA PODSTAWOWA

- ☐ Malowanie (str. 24)

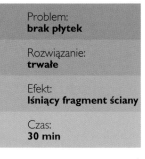

Problem:
brak płytek

Rozwiązanie:
trwałe

Efekt:
lśniący fragment ściany

Czas:
30 min

ROZWIĄZANIE 2. *Osłona plastikowa*

Przytnij plastik u specjalisty – większość dostawców oferuje takie usługi. Eksperymentuj z różnymi kształtami na papierze, aż wybierzesz właściwy. Przekaż wycięty szablon fachowcowi. Zaznacz miejsca na otwory do mocowania i posłuż się kołkami rozporowymi i wkrętami dekoracyjnymi.

UWAGI

Na złączu z umywalką należy zastosować masę uszczelniającą, by nie dostała się wilgoć.

Ten kształt uzyskuje się przez nakreślenie koła o przekątnej równej najszerszej części umywalki. Jest ono przycięte poniżej środka, w miejscu, gdzie ma szerokość odpowiadającą tylnej krawędzi umywalki. Posłuż się wkrętami o chromowanych łbach do mocowania panelu.

NIEZBĘDNE MATERIAŁY

☐ Plastik grubości 6 mm, przycięty do odpowiedniego kształtu
☐ Wkręty dekoracyjne
☐ Kołki rozporowe
☐ Wiertarka
☐ Wiertło

Problem:
brak płytek

Rozwiązanie:
trwałe

Efekt:
przezroczysta osłona

Czas:
10 min

ROZWIĄZANIE 3. *Metalowa osłona*

Doskonałe rozwiązanie w przypadku nowoczesnego, eleganckiego pomieszczenia, odpowiednie zwłaszcza w kuchni. Zmierz po prostu powierzchnię i zakup przycięty do odpowiednich rozmiarów kawałek blachy nierdzewnej. Przytwierdź blachę do ściany, stosując klej epoksydowy.

Metalowa powierzchnia będzie także odbijać światło w często zacienionym miejscu za zlewem, pod szafkami ściennymi.

NIEZBĘDNE MATERIAŁY

☐ Metalowa osłona w odpowiednim wymiarze
☐ Klej epoksydowy

Problem:
brak płytek

Rozwiązanie:
trwałe

Efekt:
metalowa osłona

Czas:
20 min

ROZWIĄZANIE 4. *Osłona z imitacją glazury*

S tosuj płytę, która może być przytwierdzona do ściany. Efekt ręcznie wykonanych płytek osiąga się przy zastosowaniu grubej warstwy farby. Emalia o wysokim połysku utwardzi powierzchnię i będzie naśladować glazurę. Kolor tworzącej tło „fugi" powinien być półmatowy.

NIEZBĘDNE MATERIAŁY

- ☐ Płyta pilśniowa
- ☐ Gruboziarnisty papier ścierny
- ☐ Klocek do szlifowania papierem ściernym
- ☐ Pędzel 2,5 cm
- ☐ Duży pędzel
- ☐ Płaski pędzel 2,5 cm
- ☐ Półmatowa farba w dwóch odcieniach – ciemnej szarości i białej
- ☐ Jednowarstwowa farba do drewna w dwóch kolorach
- ☐ Ceramiczna płytka
- ☐ Ołówek
- ☐ Plastikowa łyżeczka
- ☐ Mały pędzelek
- ☐ Bezbarwna emalia
- ☐ Klej błyskawiczny

Problem:
brak płytek

Rozwiązanie:
trwałe

Efekt:
efekt glazury

Czas:
3 godz.

1 Zmierz powierzchnię, którą zamierzasz wyłożyć, i podziel przez 10 cm, by ustalić liczbę „płytek", jakie chcesz namalować. Pozostała powierzchnia może być podzielona na linie fugi; najlepiej, gdy mają około 6 mm szerokości. Przytnij płytę do odpowiednich rozmiarów i oszlifuj papierem ściernym ostre krawędzie i narożniki.

2 Posługując się pędzlem 2,5 cm, nałóż na płytę warstwę półmatowej szarej farby do drewna, o najciemniejszym odcieniu. Następnie tepuj powierzchnię półmatową farbą o jaśniejszym odcieniu. Użyj dużego

pędzla, nakładając farbę krótkimi, szybkimi maźnięciami, by uzyskać „łaciaty" efekt.

3 Umieść płytkę ceramiczną w jednym narożniku płyty i obrysuj. Pozostawiając odstęp 6 mm (czy też taki, jaki sobie zaplanowałeś podczas 1 etapu), by wyznaczyć linię fugi, przesuń płytkę i umieść ją obok nakreślonej i ponownie obrysuj jej obwód. Kontynuuj tę czynność wzdłuż krawędzi płyty, pozostawiając za każdym razem taki sam odstęp. Uwzględniając poziomą linię fugi, powtórz czynność wzdłuż drugiego, wyższego szeregu, aż cała powierzchnia płyty zostanie pokryta nakreślonymi liniami.

4 Pracując za każdym razem tylko na jednej narysowanej płytce, nabierz farbę na łyżeczkę i umieść pośrodku płytki; będziesz potrzebował mniej więcej jednej czubatej łyżeczki na płytkę. W tym przypadku płytki zostały pomalowane w dwóch różnych kolorach.

5 Użyj płaskiego, prosto zakończonego pędzelka artystycznego 2,5 cm, by rozprowadzić farbę ku krawędziom narysowanych płytek, aż do linii ołówka, ale nie staraj się wygładzać farby. Powtórz czynność na wszystkich przemiennych kwadratach.

7 Zmieszaj z każdym kolorem odrobinę białej farby, by uzyskać nieco jaśniejsze tony. Zanurz czubek małego pę-dzelka do tepowania w odpowiedniej mieszaninie, otrzyj włosie szmatką, aż będzie prawie suche, a następnie za-trzyj ostrożnie przypadkowe białe łaty na płytkach.

Rozwiązanie to można stosować bezpośrednio na ścianie, ale kolory należy nakładać cienkimi warstwami, by zapobiec ściekaniu farby po powierzchni.

6 Nabierz farbę w drugim kolorze na łyżeczkę, a następnie rozprowadź ją ku krawędziom pozostałych płytek, uzysku-jąc efekt szachownicy. Odczekaj 48 godzin, by farba wyschła.

8 Posługując się płaskim, prostokątnie zakończonym pę-dzelkiem artystycznym, pokryj emalią pomalowane płyt-ki, omijając linię fugi.

DRUGĄ, WAŻNĄ pod względem wizualnym, powierzchnią w każdym pokoju jest podłoga, gdyż stanowi obok ścian główne miejsce, na którym skupia się uwaga. Podłoga to także powierzchnia, która jest najbardziej narażona na zużycie. Niektóre pomieszczenia mogą wymagać twardej podłogi, podczas gdy w innych wystarczy pokrycie miękkie.

Niestety, wybór pokrycia jakiegokolwiek rodzaju wiąże się ze znacznymi wydatkami. Gdy to tylko możliwe, najrozsądniej znaleźć jakieś trwałe rozwiązanie, które pozwoli w pełni wykorzystać walory istniejącej podłogi przy niskich kosztach, stanowiących ułamek wydatków związanych z nowym jej pokryciem albo wymianą.

W rozdziale tym zajmujemy się podłogami betonowymi, wykładzinami i tradycyjnymi deskami podłogowymi, proponując szereg rozwiązań, przy jednoczesnym uwzględnieniu ograniczeń budżetu.

Listwy przypodłogowe to odrębny problem, istnieją jednak przemyślne rozwiązania, by się z nim uporać.

Podłogi

BETONOWA PODŁOGA I NIEWIELKI BUDŻET

Wiele nowoczesnych domów ma wylewane betonowe podłogi, zwłaszcza w piwnicach i oranżeriach. Beton jest zimnym i nieatrakcyjnym materiałem, który bezwzględnie wymaga przykrycia albo przynajmniej jakiegoś maskowania. Oczywistym rozwiązaniem jest położenie drewnianej podłogi, płytek ceramicznych albo wykładziny – w każdym przypadku jest to bardzo kosztowne. Istnieją jednak niedrogie i sprytne rozwiązania prowadzące do ciekawych efektów dekoracyjnych w pomieszczeniach wymagających praktycznej, wodoodpornej podłogi albo takiej, która jest narażona na intensywne użytkowanie.

ROZWIĄZANIE I. *Płytki korkowe w szachownicę*

K up płytki korkowe nielakierowane i pomaluj je, pilnując, by farba dostała się we wszystkie szczeliny. Trwałe i solidne wykończenie będzie wymagało dwóch warstw farby. Odczekaj do rana, by płytki wyschły, a następnie wyłóż nimi podłogę, przytwierdzając je specjalnym klejem do korka.

NIEZBĘDNE MATERIAŁY

☐ Surowe płytki korkowe (str. 23)

☐ Farba do podłóg w dwóch kolorach

☐ Pędzel 2,5 cm

☐ Klej do płytek korkowych

☐ Packa do kleju

TECHNIKA PODSTAWOWA

☐ Wykładanie podłogi (str. 34)

Problem:
betonowa podłoga

Rozwiązanie:
trwałe

Efekt:
szachownica

Czas:
4 godz.

UWAGI

Nadmiar kleju przesączy się między złączeniami płytek; bezzwłocznie zetrzyj go wilgotną ściereczką. Uporczywe ślady po kleju możesz zamalować, kiedy już płytki będą położone, a klej wyschnie.

ROZWIĄZANIE 2. *Wzorzyste płytki winylowe*

1 Posługując się cyrklem, zakreśl koło na białej płytce.

3 Nie usuwaj pod-klejki z płytek, tylko ułóż je na podłodze w zaplanowanym po-rządku. Kiedy bę-dziesz zadowolony ze wzoru, odłóż wycięte kółka w odpowied-nim porządku. Przyklej wszystkie płytki. Na koniec ode-rwij podklejkę z kół i dopasuj je do odpowiednich kwadratów.

2 Posługując się nożem z wysuwanym ostrzem, wytnij ko-ło. Natnij ostrożnie linię nakreśloną ołówkiem, a następnie przesuń ostrzem kilkakrotnie wzdłuż naciętej linii, aż koło odejdzie łatwo. Posłuż się nim jako szablonem przy wyci-naniu koła z czarnej płytki. Zauważ, że choć koła muszą być tej samej wielkości, nie oznacza to wcale, że mają być umieszczone w tym samym miejscu na płytkach. Posługu-jąc się wyciętą płytką jako wzorem, dopilnuj, by wszelkie wariacje powstałe przy wycinaniu przeniosły się na drugą płytkę, co pozwoli bez trudu dopasować koło.

Różnicuj wielkość i rozmieszczenie kół na płytkach w celu osiągnięcia najciekawszego efektu.

Zwykłe czarno--białe płytki wi-nylowe są niedrogie i odporne na zużycie, ale niezbyt ciekawe wizualnie, jeśli położy się je w konwencjo-nalny sposób. Można jednak bez trudu wy-ciąć identyczne koła w czarnej i białej płyt-ce, a następnie zamie-nić wycięte elementy, dzięki czemu osiąga się ciekawy efekt. Poświęć trochę czasu na rozpla-nowanie swojej podło-gi, by się upewnić, że układ płytek zwykłych i wypełnionych kołami będzie zrównoważony i że koła znajdą się w najkorzystniejszych miejscach.

NIEZBĘDNE MATERIAŁY

☐ Samoprzylepne czarne i białe płytki winylowe (str. 23)
☐ Cyrkiel
☐ Nóż

TECHNIKA PODSTAWOWA

☐ Układanie podłogi (str. 34)

Problem:
betonowa podłoga

Rozwiązanie:
trwałe

Efekt:
płytki ze wzorem

Czas:
5 godz.

NIERÓWNA PODŁOGA BETONOWA

Twardą, gładką podłogę betonową możesz pokryć niemal każdym materiałem podłogowym, ale gdy beton jest nierówny, stary albo połupany, liczba wariantów jest ograniczona. Betonową podłogę da się wyrównać, ale ponieważ jest to zajęcie dla fachowca, może się okazać drogie i czasochłonne. Tu proponowane rozwiązania są odpowiednie do podłóg niemal w każdym stanie, poza tym mają tę zaletę, że nie wymagają dużych nakładów. Starsze podłogi często złuszczają się cienkimi warstwami i cały ten materiał należy usunąć przed wyborem jakiegokolwiek rozwiązania. By uzyskać trwały efekt, zawsze stosuj farbę do podłóg, jeśli sytuacja tego wymaga.

ROZWIĄZANIE 1. *Malowana imitacja płyt kamiennych*

Jak przy każdej imitacji, jeśli skopiujesz prawdziwe płyty kamienne, twoja podłoga będzie wyglądać bardziej realistycznie. Beton, pod względem faktury i barwy, doskonale imituje cement między płytami. Technika ta wymaga umiejętności, lecz nie jest czasochłonna.

1 Posługując się ołówkiem i długą linijką albo poziomnicą z podziałką, narysuj płyty na betonie. Pozostaw między nimi odstępy szerokości 4 cm, naśladujące linie fugi.

2 Posługując się pędzlem 5 cm, pomaluj każdą nakreśloną płytę ciemną farbą do kamiennej podłogi, nieznacznie zaokrąglając narożniki. Rozprowadź farbę po całej powierzchni, pamiętając, by przy krawędziach kłaść grubszą warstwę. Nie staraj się tworzyć idealnie równych boków, nierówność zwiększy końcowy efekt. Odczekaj, aż farba wyschnie.

3 Zanurz końcówkę pędzla 7,5 cm w średnio ciemnej farbie do kamiennych powierzchni i nakładaj ją nieregularnymi łatami na każdą płytę. Nigdy nie kładź farby blisko krawędzi, ponieważ powinna pozostać ciemna, co zapewni efekt trójwymiarowości. Powtórz czynność, stosując jasny kolor i nakładając go rzadziej i mniejszymi łatami.

NIEZBĘDNE MATERIAŁY

☐ Linijka
☐ Ołówek
☐ Farba do kamiennych
   podłóg w jasnym,
   średnio ciemnym
   i ciemnym odcieniu
☐ Pędzel 5 cm
☐ Pędzel 7,5 cm

TECHNIKA PODSTAWOWA

☐ Malowanie (str. 24)

Problem:
nierówna podłoga

Rozwiązanie:
maskowanie

Efekt:
namalowane płyty

Czas:
3 godz.

> **UWAGI**
>
> *Najlepszy efekt osiąga się dzięki szybkiemu i niezbyt dokładnemu malowaniu. Jeśli zaczniesz robić to zbyt starannie, końcowy rezultat utraci walor naturalności.*

Blady kolor tej podłogi nadaje się do pomieszczeń słabo oświetlonych, ale rozmiar płyt nie jest odpowiedni do małego pokoju.

ROZWIĄZANIE 2. *Malowana imitacja terakoty*

Prawdziwe płytki terakotowe są dostępne w szerokim wyborze w różnych rozmiarach, kolorach i kształtach. Znajdź w jakiejś książce albo magazynie zdjęcie podłogi, która pasuje do twojego pokoju, i dobierz kolory i wzór ułożenia, pozwalający uzyskać najlepszy efekt. Technika malowania jest dokładnie taka sama jak w przypadku płyt kamiennych, ale stosuje się odpowiednie farby w odcieniu terakoty zamiast szarości.

NIEZBĘDNE MATERIAŁY

☐ Linijka

☐ Ołówek

☐ Farba do podłóg w ciemnym, średnio ciemnym i jasnym kolorze o odcieniu terakotowym (str. 23)

☐ Pędzel 5 cm

TECHNIKA PODSTAWOWA

☐ Malowanie (str. 24)

Problem:
nierówna podłoga

Rozwiązanie:
maskowanie

Efekt:
malowane płytki

Czas:
4 godz.

Ten układ pasuje do mniejszego pokoju, ponieważ można namalować płyty niemal każdego rozmiaru, a wielokrotne linie fugi poszerzą i wydłużą go wizualnie.

UWAGI

Mniejszy rozmiar płytek terakoty oznacza, że musisz użyć pędzla 5 cm i namalować więcej krawędzi, zabierze ci to zatem więcej czasu niż w przypadku malowania płyt kamiennych.

ROZWIĄZANIE 3. *Połamane płytki*

1 Wyłóż podłogę, stosując metodę połamanych płytek (str. 63) i odczekaj noc, by fuga dobrze wyschła. Postępując zgodnie z zaleceniami producenta, rozprowadź barwnik do fugi po całej zafugowanej powierzchni. Nie martw się, jeśli poplamisz płytki; barwnik można bez trudu zetrzeć.

2 Odczekaj określony czas, a następnie zetrzyj nadmiar barwnika wilgotną szmatką.

Płytki ceramiczne na nierównej podłodze będą pod naciskiem pękać. Aby temu zapobiec, należy płytki połamać; mniejsza powierzchnia jest bardziej odporna na tego typu działanie. Zastosuj technikę „Wykładanie połamanymi płytkami" (str. 63). Z powodu znacznej powierzchni barwna fuga może być kosztowna, zastosuj więc białą i dodaj barwnika.

Sprawdzaj od czasu do czasu głębokość fugi i uzupełniaj ją, jeśli się zużywa, by zapobiec wystawaniu ostrych krawędzi płytek.

NIEZBĘDNE MATERIAŁY

☐ Płytki (str. 23)

☐ Młotek

☐ Klej do płytek

☐ Packa do kleju

☐ Biała fuga

☐ Wilgotna szmatka

☐ Sucha szmatka

☐ Barwnik do fugi

TECHNIKA PODSTAWOWA

☐ Wykładanie płytkami (str. 32)

Problem:
betonowa podłoga

Rozwiązanie:
trwałe

Efekt:
płytki

Czas:
9 godz.

Wykładanie połamanymi płytkami jest czasochłonne, najlepiej więc stosować je na niewielkich powierzchniach.

ROZWIĄZANIE 4. *Odbita imitacja mozaiki*

W tym wypadku materiał z oryginalnego źródła jest bezcenny. Przykłady prawdziwej posadzki mozaikowej można znaleźć w muzeach, książkach i magazynach. Wybierz wzór obramowania i odbij pośrodku podłogi. Aby wykonać stempel matrycy, weź wzór i powiększ go do odpowiednich rozmiarów na fotokopiarce (str. 168).

NIEZBĘDNE MATERIAŁY

☐ Kalka kreślarska

☐ Ołówek

☐ Klej w spreju

☐ Gruba guma piankowa

☐ Biała farba do podłóg
  (str. 23)

☐ Nóż

☐ Wałek malarski

☐ Tacka malarska

☐ Farby do podłóg
  w dwóch podobnych
  kolorach i jednym
  kontrastującym
  (str. 23)

☐ Płaski pędzel
  artystyczny 2,5 cm

☐ Duży pędzel
  do tepowania

Problem:
nierówna podłoga

Rozwiązanie:
maskowanie

Efekt:
odbita mozaika

Czas:
8 godz.

1 Pomaluj całą podłogę białą farbą i odczekaj, aż wyschnie. Posługując się płaskim pędzlem 2,5 cm, pomaluj stempel ze wzorem obramowania barwioną farbą kamieniarską. Jest to najbardziej czasochłonny etap całego procesu i należy to zrobić ostrożnie, upewniając się, że każdy element mozaiki jest pokryty farbą i że właściwe kolory znajdują się na odpowiednich elementach.

2 Połóż stempel we właściwym miejscu podłogi i przyciśnij do betonu. Uważając, by nie poruszyć nim na boki, przyciśnij go mocno, tak aby cała powierzchnia farby zetknęła się z podłogą. Jednym płynnym ruchem unieś ostrożnie stempel z podłogi. Pokryj go farbą na nowo i powtórz czynność, by otrzymać nieprzerwane obramowanie podłogi.

3 Kiedy już obramowanie jest gotowe, wypełnij środek podłogi. Posługując się dużym pędzlem do tepowania, pokryj cały stempel farbą do podłogi. Bezzwłocznie pomaluj go farbą o jaśniejszym odcieniu, posługując się tym samym pędzlem. Nie pokrywaj drugą warstwą całego stempla — kładź ją na chybił trafił.

> **UWAGI**
>
> *Kiedy już cała podłoga jest pokryta mozaiką i sucha, możesz poprawić wszystkie krawędzie elementów mozaiki, które zbytnio zlały się z białą farbą.*

4 Przyciśnij stempel do podłogi w taki sam sposób jak w fazie 2, pozostawiając odstęp między brzegiem obramowania i środkiem podłogi. Powtarzaj czynność, dopóki cała podłoga nie zostanie pokryta.

Układanie podłogi mozaikowej może być bardzo czasochłonne, technika ta
nie nadaje się zatem do dużych powierzchni. Pokój z wbudowanymi elementami
wyposażenia też może nastręczać problemów, ponieważ linia obramowania
będzie musiała w takim przypadku je omijać.

ROZWIĄZANIE 5. *Malowana imitacja płyt łupkowych*

Jest to doskonałe rozwiązanie w przypadku starej, łuszczącej się betonowej podłogi, ponieważ jej faktura odpowiada fakturze płytki łupkowej. Takie płytki mogą być w różnych odcieniach, od zielonego do szarego i ciemnego. Ponieważ maluje się zazwyczaj duże kwadraty, rozplanowanie ich na podłodze nie będzie trudne.

NIEZBĘDNE MATERIAŁY

- ☐ Linijka
- ☐ Ołówek
- ☐ Farby do podłóg w kolorze ciemnoszarym, szarozielonym o ciemnym odcieniu, jasnoszarym (str. 23)
- ☐ Pojemnik na farbę
- ☐ Rozcieńczalnik
- ☐ Pędzel 7,5 cm
- ☐ Pędzel 2,5 cm
- ☐ Pędzel wąski

TECHNIKA PODSTAWOWA:

- ☐ Malowanie (str. 24)

Problem:
łuszcząca się podłoga

Rozwiązanie:
maskowanie

Efekt:
namalowane płytki

Czas:
4 godz.

1 Posługując się pędzlem 7,5 cm, zamaluj całą podłogę farbą w ciemnoszarym odcieniu i odczekaj, aż wyschnie. Za pomocą ołówka i długiej linijki albo poziomnicy z miarką narysuj płytki na podłodze, tworząc wzór siatki kwadratów.

2 Zanurz czubek pędzla 2,5 cm w ciemnozielonej farbie i nakładaj ją w obrębie każdej płytki, aż włosie będzie suche. Przesuwaj się od krawędzi wzdłuż płytki, za każdym razem zaczynając w innym miejscu, by płytki nie zlały się ze sobą. Przesuwaj pędzlem w tym samym kierunku.

3 Kiedy już cała podłoga będzie pokryta farbą i sucha, namaluj linie fugi. Rozcieńczaj jasnoszarą farbę do podłóg rozcieńczalnikiem, aż osiągnie konsystencję rzadkiej śmietany. Ułatwi to jej nakładanie i pozwoli ci szybciej namalować proste linie. Zamocz pędzel w rozcieńczonej farbie, przyłóż linijkę albo poziomnicę do narysowanych ołówkiem linii i przesuń pędzlem wzdłuż jej krawędzi.

> **UWAGI**
>
> *Jeśli linie fugi wyglądają zbyt nierówno, dokończ malowanie podłogi i gdy już wyschnie, popraw krawędzie płytek, stosując kolor tła.*

Rozwiązanie to pozwoli zmienić w ciągu kilku zaledwie godzin najgorszą podłogę w ładną powierzchnię krytą płytkami — a koszt sprowadza się do trzech puszek farby.

STARA ALBO ZAPLAMIONA PODŁOGA

Deski podłogowe to tradycyjny materiał wykończeniowy, wciąż powszechnie stosowany, nawet w nowych domach. Ponieważ same w sobie stanowią ważny element dekoracyjny, możesz stosować różne techniki, by wyglądały ciekawiej i współgrały z ogólnym wystrojem wnętrza, nie narażając się na koszt wymiany całej podłogi.

Stan desek podłogowych do pewnego stopnia określa wybór możliwych opcji. Dotychczasowe uzupełnienia ubytków mogły być dokonane z użyciem niewłaściwego gatunku drewna albo deski są po prostu zużyte i stare. Należy przede wszystkim je oczyścić, co pozwoli dokładniej określić wszelkie możliwości. Zacznij od wyszlifowania niewielkiego fragmentu, by się przekonać, czy warto cyklinować całą podłogę. Jeśli tak, wypożycz cykliniarkę, gdyż dzięki niej szybko usuniesz wierzchnią warstwę, odsłaniając gładkie i czyste deski. Jest to najlepszy punkt wyjścia dla większości rozwiązań, choć niektóre tego nie wymagają.

ROZWIĄZANIE 1. *Barwienie*

Rozjaśnij drewno, stosując bejcę o jasnym odcieniu. Wsiąka ona w drewno, jest więc odpowiednia do surowych desek w stosunkowo dobrym stanie. Metoda ta maskuje strukturę drewna i ujednolica barwę. Kładzie się tylko jedną warstwę, jest to więc szybka w stosowaniu technika.

Rozprowadź bejcę po podłodze, kolejno wzdłuż pojedynczych desek, zgodnie z kierunkiem włókien. Odczekaj, aż wyschnie. Zabezpiecz podłogę dwiema warstwami lakieru do podłóg.

Wypróbuj lakier w jakimś niewidocznym kącie pokoju, by się przekonać, że nie nada deskom żółtego odcienia.

NIEZBĘDNE MATERIAŁY

☐ Bejca do drewna
☐ Pędzel 2,5 cm
☐ Lakier do podłóg
  (str. 23)

TECHNIKA PODSTAWOWA

☐ Malowanie (str. 24)

Problem:
stare deski podłogowe

Rozwiązanie:
poprawa wyglądu

Efekt:
deski o jasnym odcieniu

Czas:
1 godz.

ROZWIĄZANIE 2. *Wybielone deski podłogowe*

Zwykły wybielacz, którego używa się do czyszczenia zlewu kuchennego, może rozjaśnić deski podłogowe będące w stosunkowo dobrym stanie, ale mocno poplamione. Wszystkie poprzednie pokrycia muszą być usunięte, a same deski wycyklinowane.

Chroniąc dłonie gumowymi rękawicami i pracując na trzech czy czterech deskach za jednym zamachem, rozprowadź wybielacz po drewnie, odczekaj, aż wyschnie, a następnie, przy użyciu mopa, umyj powierzchnię letnią wodą.

Jest to bardzo tanie i proste rozwiązanie, ale należy chronić skórę przed wybielaczem.

NIEZBĘDNE MATERIAŁY

☐ Domowy wybielacz
☐ Pędzel 5 cm
☐ Rękawice gumowe
☐ Woda
☐ Mop

Problem:
stare deski podłogowe

Rozwiązanie:
poprawa wyglądu

Efekt:
deski o jasnym odcieniu

Czas:
4 godz.

Kiedy już podłoga wyschnie całkowicie, nałóż warstwę wosku do podłóg według zaleceń producenta.

ROZWIĄZANIE 3. *Malowana kratka*

Rozwiązanie to pozwala zakryć najbardziej sfatygowaną podłogę. Jest także szybkie i łatwe, ponieważ drewno zostaje całkowicie pokryte i nie ma potrzeby uprzedniego cyklinowania desek. Należy je tylko umyć, wysuszyć i zagruntować przed malowaniem. Jeśli miarą będzie szerokość desek, wzór będzie łatwy do zrealizowania.

Zmierz i zaznacz wzór na podłodze. Bok każdego dużego kwadratu ma wymiar trzech desek. Pozostaw odstęp jednej deski między poszczególnymi kwadratami. Zabezpiecz taśmą malarską szerokości 2,5 cm zewnętrzne krawędzie dużych kwadratów. Maskowanie to tworzy mniejsze kwadraty u zbiegu narożników tych dużych. Posługując się dużym pędzlem do tepowania, pokryj farbą zaznaczone kwadraty. Usuń taśmę i odczekaj, aż farba wyschnie. Następnie zabezpiecz podłogę dwiema warstwami lakieru do podłóg.

NIEZBĘDNE MATERIAŁY

- ☐ Linijka
- ☐ Ołówek
- ☐ Taśma malarska szerokości 2,5 cm
- ☐ Duży pędzel do tepowania
- ☐ Farba do podłóg w jednym podstawowym kolorze i dwóch kolorach do kwadratów (str. 23)
- ☐ Lakier do podłóg (str. 23)
- ☐ Pędzel 5 cm

TECHNIKA PODSTAWOWA

- ☐ Malowanie (str. 24)

Problem:
stare deski podłogowe

Rozwiązanie:
poprawa wyglądu

Efekt:
deski w kratę

Czas:
2 godz.

Ten niezwykle wyrafinowany rezultat jest łatwy do osiągnięcia; rozjaśni i odświeży każde pomieszczenie.

ROZWIĄZANIE 4. *Deski pomalowane bezbarwnym lakierem*

Przeczytaj instrukcję na opakowaniu lakieru i przestrzegaj wszelkich zaleceń związanych z jego bezpiecznym stosowaniem. Upewnij się, że na podłodze nie ma kurzu ani brudu. Nanoś lakier pędzlem, na każdą deskę osobno. Nakładaj lakier długimi maźnięciami, wzdłuż włókien drewna. Odczekaj, aż wyschnie, i połóż następną warstwę.

UWAGI

Jeśli masz dużą podłogę, połóż lakier szybko i równo za pomocą wałka z gąbki. Bezzwłocznie rozprowadź pędzlem wszelkie bąbelki, zgodnie z kierunkiem włókien drewna.

Rozwiązanie to pozwala zachować oryginalny, pierwotny wygląd desek. Nie zapewnia maskowania czy ukrycia zniszczonej powierzchni, więc najlepiej stosować je w przypadku podłogi, która została starannie wycyklinowana. Lakier posłuży do zabezpieczenia i ochrony drewna; zwykle wystarczy położyć dwie warstwy, by osiągnąć trwały efekt.

NIEZBĘDNE MATERIAŁY

- ☐ Bezbarwny lakier do podłóg (str. 23)
- ☐ Pędzel 5 cm
- ☐ Wałek z gąbki
- ☐ Tacka malarska

Problem:
stare deski podłogowe

Rozwiązanie:
poprawa wyglądu

Efekt:
naturalny wygląd

Czas:
2 godz.

Staranne cyklinowanie przywróci deskom podłogowym stan pozwalający na użycie bezbarwnego, przezroczystego lakieru.

ROZWIĄZANIE 5. *Barwione deski podłogowe*

Rozwiązanie to gwarantuje zachowanie naturalnego wyglądu drewna, ale pozwala jednocześnie zakryć źle dobrane albo zaplamione deski. Technika polega na nakładaniu kolejnych warstw barwionego lakieru, aż osiągnie się pożądaną głębię koloru. Ponieważ nakłada się lakier pędzlem, smugi, jakie wtedy powstaną, podkreślą rysunek słojów i pomogą zakryć jakiekolwiek ślady.

Zapoznaj się z instrukcją na puszce barwionego lakieru i przestrzegaj zaleceń związanych z jego bezpiecznym stosowaniem. Nakładaj lakier pędzlem, zawsze wzdłuż jednej deski, długimi ruchami, zgodnie z rysunkiem słojów na drewnie. Wszelkie ślady pędzla wzmocnią tylko końcowy efekt. Odczekaj, aż powierzchnia wyschnie, a następnie powtórz czynność do chwili otrzymania pożądanego odcienia.

UWAGI

Możesz pokryć jeden kolor lakieru innym, by zmodyfikować końcowy odcień, ale najlepiej przetestować to przed pomalowaniem podłogi na zbędnym kawałku drewna.

Barwiony lakier jest dostępny w różnych odcieniach – od głębokiego mahoniu w tonie czerwieni do ciemnego orzecha o zielonobrązowym połysku. Wybierz odcień, który pasuje do twojego projektu, pamiętając o tym, że bardzo ciemna podłoga może kłócić się z kolorem na ścianach.

NIEZBĘDNE MATERIAŁY

☐ Barwiony lakier
   (str. 23)
☐ Pędzel 5 cm

Problem:
stare deski podłogowe

Rozwiązanie:
poprawa wyglądu

Efekt:
ciemne deski podłogowe

Czas:
1 godz. (na warstwę)

ROZWIĄZANIE 6. *Maskowane obramowanie*

I Narysuj i zamaskuj taśmą malarską wzór obramowania na deskach podłogowych. Za pomocą wałka nałóż na całe obramowanie, łącznie z taśmą maskującą, grubą warstwę płynu maskującego.

2 Bezzwłocznie usuń taśmę z desek. Poczekaj, aż płyn maskujący wyschnie.

UWAGI

Płyn maskujący całkowicie zniszczy wałek, więc nie próbuj go czyścić. Po prostu go wyrzuć.

3 Zamaluj bejcą całą podłogę wzdłuż słoi, pokrywając całkowicie płyn maskujący.

Rozwiązanie to opiera się na tej samej zasadzie co barwiona podłoga, ale dochodzi jeszcze obramowanie, które tworzy wzór i wzbogaca końcowy rezultat kolorystycznie. Efekt polega na subtelnej różnicy między naturalną powierzchnią podłogi a zabejcowaną. Maskujący płyn stanowi doskonały środek, zabezpieczający wybrane fragmenty podłogi, które tworzą wzór obramowania, chroniąc je przed bejcą.

Zaplanuj sobie prosty wzór, który będzie można bez trudu odtworzyć wokół pokoju. Im prostszy wzór, tym mniej się z czasem opatrzy.

4 Kiedy bejca na powierzchni płynu maskującego jest sucha, opuszkami palców zetrzyj ją wraz ze stwardniałym płynem maskującym. Zejdzie z drewna pod postacią gumowatych wałeczków. Można zastosować gumową rękawicę. Kiedy już usuniesz płyn maskujący, zabezpiecz podłogę dwiema warstwami lakieru do podłóg.

NIEZBĘDNE MATERIAŁY

☐ Taśma malarska
☐ Płyn maskujący
☐ Wałek do lakieru
☐ Bejca (str. 25)
☐ Pędzel 5 cm
☐ Lakier do podłóg (str. 23)

Problem:
stare deski podłogowe

Rozwiązanie:
poprawa wyglądu

Efekt:
deski z obramowaniem

Czas:
4 godz.

NIERÓWNE LISTWY PRZYPODŁOGOWE

Tylko nieliczne domy – z wyjątkiem nowych – nie zostały kiedyś poddane takiej czy innej modyfikacji konstrukcyjnej, jak na przykład usunięcie ścian czy dobudowa. Wpływa to na listwy przypodłogowe. Zdarza się często, że nie można znaleźć profili o odpowiednich rozmiarach. W efekcie uzupełniono listwy o niedopasowane fragmenty pod względem wymiarów i barwy. Można usunąć wszystkie listwy i wymienić na nowe, ale wymaga to znacznych kosztów i wysiłku. Istnieją proste, niedrogie rozwiązania, pozwalające odwrócić uwagę od niedoskonałości lub usunąć wszelkie nierówności.

ROZWIĄZANIE 1. *Malowana górna krawędź*

Różnica wysokości jest największym problemem związanym z listwą przypodłogową. Można sobie z tym poradzić, odwracając uwagę od nierówności i malując wzdłuż ściany prostą linię w kolorze listwy. W przypadku szczególnie dużych rozbieżności, pomaluj listwy i ściany na taki sam kolor, rezygnując z linii.

Przyłóż koniec poziomnicy do najwyższej listwy i nakreśl linię nad krótszymi odcinkami. Przyklej taśmę malarską wzdłuż linii ołówka. Pomaluj listwę i ścianę poniżej taśmy na biało. Zdejmij bezzwłocznie taśmę.

UWAGI

Najpierw pomaluj ścianę, potem listwy przypodłogowe. Wszelkie miejsca, gdzie ściekła biała farba, można zamalować, gdy tylko listwy wyschną.

NIEZBĘDNE MATERIAŁY

☐ Taśma malarska

☐ Poziomnica

☐ Pędzel 5 cm

☐ Biała farba do drewna (półmat albo półpołysk) (str. 23)

TECHNIKA PODSTAWOWA

☐ Malowanie (str. 24)

Problem:
nierówna krawędź listwy

Rozwiązanie:
maskowanie wizualne

Efekt:
namalowana krawędź

Czas:
2 godz.

Na tle kolorowej ściany ten jasny i prosty pas będzie wyglądał równo, choć profili nie da się ułożyć w jednej linii.

ROZWIĄZANIE 2. *Gładkie złącze*

1 Owiń papierem ściernym kawałek drewna. Wyszlifuj złącze między dwiema listwami, szorując po wystającej krawędzi, aż obie będą możliwie równe. Trzymaj kawałek drewna równolegle do listwy, tak aby nie zahaczać o płytszą.

2 By ochronić podłogę, przyklej kawałek taśmy malarskiej pod miejscem, które ma być wypełnione. Postępując zgodnie z zaleceniami producenta, przygotuj trochę epoksydowej masy szpachlowej. Posługując się packą, rozprowadź masę po złączu, wyrównując wszelkie nierówności między dwiema sąsiednimi listwami. Odczekaj, aż masa szpachlowa wyschnie do końca.

Nawet gdy zastosowano identyczny profil, uzupełnione odcinki listwy przypodłogowej nie zawsze znajdą się w równej linii. Sama listwa może być grubsza albo ściana jest odrobinę krzywa w miejscu, gdzie przyklejono nowy fragment listwy. Wykonanie idealnego połączenia jest pracochłonne, ale w końcowym rezultacie może stać się ono prawie niewidoczne.

3 Wygładź masę szpachlową, zwracając szczególną uwagę na gzyms przy górnej krawędzi listwy. Usuń wszelki pył pozostały po szlifowaniu i pomaluj listwę.

> **UWAGI**
>
> *Kiedy wypełniasz złącze, wygładź starannie masę nożem, tak aby ograniczyć szlifowanie do minimum. Jeśli po szlifowaniu wciąż jest wyczuwalne lekkie wgłębienie, zastosuj trochę więcej masy szpachlowej i powtórz czynność.*

Jedynym śladem, który wskazuje, że te listwy były kiedyś nierówne, jest to, że nie biegną w równej linii z podłogą. Poza tym złącze jest niewidoczne.

NIEZBĘDNE MATERIAŁY

☐ Gruboziarnisty papier ścierny
☐ Klocek drewniany
☐ Taśma malarska
☐ Epoksydowa masa szpachlowa
☐ Packa
☐ Pędzel 5 cm
☐ Biała farba do drewna (półmat albo półpołysk)

TECHNIKA PODSTAWOWA

☐ Malowanie (str. 24)

Problem:
nierówne profile

Rozwiązanie:
trwałe

Efekt:
gładkie połączenie

Czas:
2 godz.

STARA ALBO POPLAMIONA WYKŁADZINA

Kiedy kupujesz dom, często dziedziczysz wraz z nim wyposażenie wybrane przez kogoś innego, na ogół przed kilku laty. Wykładzina stanowi dobitny tego przykład. Nowa to duży wydatek, zwłaszcza dlatego, że trzeba wynająć fachowca, który położy wykładzinę w odpowiedni sposób. Jeśli istniejąca wykładzina jest do zaakceptowania, a pieniądze chcesz przeznaczyć na coś pilniejszego, najlepszym rozwiązaniem jest czyszczenie. Jeśli jednak musisz usunąć istniejącą wykładzinę, to możesz ją zastąpić wykładziną w płytkach, które można ułożyć samemu.

ROZWIĄZANIE 1. *Czyszczenie i przykrycie*

Stara wykładzina nosi niezmiennie blizny czasu – od brudu po plamy. Najlepiej jest wypożyczyć odkurzacz piorący i samemu ją wyczyścić. Rezultat bywa całkiem zadowalający i może przedłużyć żywotność wykładziny. Najgorsze miejsca znajdują się obok mebli, gdzie jedzenie i napoje pozostawiły ślady i plamy. Na szczęście są to miejsca, na których możesz położyć ozdobne chodniki, co pozwoli uporać się z tym problemem.

NIEZBĘDNE MATERIAŁY

☐ Odkurzacz piorący
☐ Chodniki

Problem:
zniszczona wykładzina

Rozwiązanie:
maskowanie

Efekt:
chodniki

Czas:
2 godz.

Wybierz chodniki, które będą pasować bardziej do mebli w pokoju niż istniejącej wykładziny. Kiedy już ją wymienisz, chodników możesz używać nadal.

ROZWIĄZANIE 2. *Wykładzina w płytkach*

Płytki są dostępne w szerokiej gamie kolorów, możesz więc się zastanowić nad ułożeniem szachownicy albo obramowania. Jednak jakość tego rodzaju płytek nie jest zazwyczaj na tyle gwarantowana, by zapewnić widoczny efekt, więc najbezpieczniejsze są kolory neutralne.

Płytki są tak niewielkie, że możesz sam je ułożyć na drewnianej albo betonowej podłodze. Poza tym możesz wymienić płytki, które się zniszczyły albo poplamiły. Jak widać, stanowią one idealne rozwiązanie w kuchni i pokoju dziecinnym. Płytki mają pod spodem strzałki kierunkowe. By się upewnić, że włos biegnie w tę samą stronę, układaj je zgodnie z kierunkiem strzałek. Umieść taśmę klejącą przy krawędzi każdej płytki i jeden pasek przez środek spodniej strony. Przyciśnij mocno do podłoża.

NIEZBĘDNE MATERIAŁY

☐ Wykładzina w płytkach
☐ Taśma do wykładzin

Problem:
zniszczona wykładzina

Rozwiązanie:
trwałe

Efekt:
wykładzina w płytkach

Czas:
4 godz.

SPOŚRÓD TRZECH głównych powierzchni w pokoju, sufit najmniej rzuca się w oczy. Na ogół maluje się go na biało – albo z powodu kłopotów związanych z zastosowaniem jakiegoś koloru, albo też dlatego, że nikomu nie przychodzi do głowy, by zaryzykować coś innego. Jednakże, jeśli sufit zostanie całkowicie zlekceważony, może to wpłynąć negatywnie na ogólny wygląd pokoju. Zainwestowanie odrobiny czasu i wysiłku w sufit pomoże uzyskać skończony efekt całości.

Istnieją dwa zasadnicze problemy związane z sufitami: rzeczywista powierzchnia i miejsce łączenia między sufitem i ścianą. Ponieważ wszelkie prace wykonywane na suficie są trudne i wyczerpujące, podane przez nas rozwiązania są stosunkowo proste. Jak w przypadku większości problemów dekoracyjnych, mamy do czynienia z rozwiązaniami dwojakiego rodzaju: tymi, które zapewniają zmianę fizyczną, i tymi, które maskują albo odwracają uwagę od konkretnego problemu. Zarówno jeśli jesteś właścicielem starego domu, który został niedostatecznie zmodernizowany, czy nowoczesnego mieszkania – na następnych stronach znajdziesz właściwe rozwiązanie każdego problemu związanego z sufitem.

Sufity

NIERÓWNE POŁĄCZENIE ŚCIANY Z SUFITEM

Problem ten może pojawić się w budynkach wszelkiego typu, ale występuje najczęściej w starych domach, które zwykle po pewnym czasie osiadają.

Jeśli ściana została pomalowana do samego sufitu (typowy sposób malowania sufitu i ściany) – nierów-na linia ich styku będzie bardzo widoczna. Przesuwając linię styku na sufit albo w dół ściany, odwracasz uwagę od tego defektu, a także optycznie zmieniasz wymiar pomieszczenia.

ROZWIĄZANIE 1. *Namalowana linia na suficie*

Jeśli pokój jest niski, umieść linię na suficie. Uzyskasz wrażenie większej wysokości i zakryjesz nierówne złącze ściany z sufitem. Musisz odmierzyć pas szerokości około 10 cm, licząc od ściany. Krawędź pasa trzeba pomalować ręcznie.

1 Pomaluj cały sufit. Posługując się przymiarem kątowym, określ odległość od ściany i zaznacz ołówkiem linię na suficie. Powtarzaj to co 50 cm, a następnie połącz odcinki, posługując się linijką i ołówkiem.

2 Pomaluj ścianę aż do sufitu. Następnie przesuń ostrożnie pędzlem wzdłuż linii zaznaczonej ołówkiem i pomaluj pas określonym kolorem aż do ściany.

NIEZBĘDNE MATERIAŁY

☐ Przymiar kątowy

☐ Ołówek

☐ Długa linijka

☐ Emulsyjna farba matowa w dwóch kolorach (str. 23)

☐ Pędzel 10 cm

TECHNIKA PODSTAWOWA

☐ Malowanie (str. 24)

Problem:
nierówne połączenie

Rozwiązanie:
maskowanie

Efekt:
barwny pas

Czas:
3 godz.

UWAGI

Najprostszą metodą uzyskania równego pasa na chropowatej powierzchni jest kilkakrotne rozprowadzenie farby w obu kierunkach. Jeśli kolor ściany wyjdzie poza narysowaną linię, odczekaj, aż farba wyschnie, a następnie zamaluj te miejsca na kolor sufitu.

W przypadku tej techniki najbardziej odpowiedni jest stosunkowo jasny kolor ściany, ponieważ intensywny odcień, zachodzący na sufit, pomniejszy pokój.

ROZWIĄZANIE 2. *Namalowana linia na ścianie*

I Pomaluj sufit i górną część ściany. Ponieważ linia ich styku jest nierówna i wydaje się mało prawdopodobne, by sufit był idealnie poziomy, wykonaj tylko jeden pomiar wymaganej szerokości pasa. Posługując się poziomnicą, zaznacz linię prostą wokół pokoju.

UWAGI

Technikę tę można stosować w połączeniu z jakimkolwiek kolorem ściany, choć sufit powinien być biały albo kremowy.

2 Przyklej nad linią taśmę malarską. Rozprowadź pędzlem farbę aż do zaznaczonej taśmą linii, wykonując nieregularne, przypadkowe ruchy dla osiągnięcia „łaciatego" efektu. Oderwij taśmę.

Jeśli pokój jest wysoki, ale zależy ci na bardziej przytulnej, intymnej atmosferze wnętrza, możesz obniżyć go wizualnie, przesuwając linię koloru sufitu na ścianę. Można dopasować szerokość pasa do wysokości ściany, ale powinna ona wynosić co najmniej 10 cm. Pas odciągnie uwagę od nierównego styku ściany z sufitem.

Fragment pionowy w kontrastowym kolorze, który przełamuje namalowany pas i sięga sufitu, może stanowić dodatkowy element tego rozwiązania.

NIEZBĘDNE MATERIAŁY

☐ Linijka
☐ Poziomnica
☐ Ołówek
☐ Taśma malarska
☐ Emulsyjna farba matowa w dwóch kolorach (str. 23)
☐ Pędzel 7,5 cm

TECHNIKA PODSTAWOWA

☐ Malowanie (str. 24)

Problem:
nierówna linia

Rozwiązanie:
maskowanie

Efekt:
biały pas

Czas:
2 godz.

SUFIT O STRUKTURALNEJ POWIERZCHNI

Aby uniknąć wysiłku i kosztów związanych z ponownym tynkowaniem nierównego sufitu albo popękanego lub pokrytego tapetą, można wygładzić istniejącą powierzchnię albo wzmocnić jej fakturę. Sufity kryte tapetą strukturalną albo plastycznym wzorem można wygładzić, co pozwoli stworzyć delikatniejszą powierzchnię. Sufit zniszczony może uzyskać bardziej jednolitą fakturę, która zakryje jednocześnie wszelkie nierówności.

ROZWIĄZANIE 1. *Efekt chropowatego tynku*

Aby poprawić wygląd sufitu, zastosuj technikę podobną do tynkowania (str. 50). Dobry efekt strukturalnego pokrycia i uniknięcie zbytniego bałaganu osiągnie się, pracując na niewielkich fragmentach powierzchni.

1 Pracuj na fragmentach sufitu o boku nie większym niż około 10 cm. Posługując się pędzlem, nakładaj masę strukturalną grubą warstwą na sufit, rozprowadzając ją, by uzyskać równiejszą powierzchnię.

2 Trzymaj packę tynkarską pod kątem, tak aby tylko dłuższa jej krawędź stykała się z sufitem. Wygładzaj lekko fakturę, wykonując długie, zamaszyste ruchy. Nie staraj się uzyskać idealnie gładkiej powierzchni – nieregularności stanowią część efektu.

Odczekaj, aż sufit wyschnie przez noc, a następnie, za pomocą wałka, pomaluj go farbą emulsyjną. Ponieważ powierzchnia będzie bardzo chłonna, nałóż dwie warstwy farby, nawet jeśli po pierwszym malowaniu kolor sprawia wrażenie jednolitego.

NIEZBĘDNE MATERIAŁY

☐ Tynk strukturalny
  (str. 23)
☐ Pędzel 10 cm
☐ Packa tynkarska
☐ Wałek
☐ Tacka malarska
☐ Emulsyjna farba matowa

TECHNIKA PODSTAWOWA

☐ Tworzenie struktury
  (str. 30)

Problem:
sufit pokryty strukturą

Rozwiązanie:
trwałe

Efekt:
delikatna faktura

Czas:
7 godz.

W tym wypadku nie dość że sufit był pokryty tapetą strukturalną, to jeszcze linia styku ze ścianą była nierówna. Linia sufitu została obniżona i przesunięta na ścianę (str. 93), ale strukturę zachowano tylko na suficie.

ROZWIĄZANIE 2. *Wyklejanie ręcznie wykonaną tapetą*

Przygotuj klej do tapet zgodnie z zaleceniami producenta. Przyklejając jedną płachtę na raz, użyj pędzla 10 cm, by pokryć klejem spodnią stronę papieru. Przyłóż płachtę do sufitu i przesuwaj po niej suchym pędzlem 7,5 cm.

Powierzchnie o grubej strukturze nie nadają się do tapetowania, więc rozwiązanie to przynosi lepsze rezultaty w przypadku sufitów, które są lekko uszkodzone, popękane czy nierówne. Ponieważ ręcznie robiony papier (czerpany) jest dostępny tylko w płachtach, przyklejanie ich do sufitu nie wiąże się z typowymi problemami występującymi przy tapetowaniu. W zależności od papieru, jaki wybierzesz, może być to stosunkowo drogie rozwiązanie. Najlepiej nadaje się do niewielkiego pokoju.

Możesz wybierać z szerokiej gamy papierów strukturalnych, z wypukłymi motywami i kolorowych. Powinny być to wzory jasne, proste i naturalne; w przeciwnym razie sufit może wydawać się niski i zbyt przytłaczający.

NIEZBĘDNE MATERIAŁY

☐ Klej do tapet

☐ Pojemnik na farbę

☐ Płachta czerpanego papieru (str. 23)

☐ Pędzel 10 cm

☐ Pędzel 7,5 cm

TECHNIKA PODSTAWOWA

☐ Tapetowanie (str. 23)

Problem:
zniszczony sufit

Rozwiązanie:
trwałe

Efekt:
pokrycie papierem

Czas:
3 godz.

UWAGI

Zacznij w jednym narożniku, a potem przesuwaj się tak, aby kawałki papieru stykały się ściśle ze sobą. Jeśli papier należy przyciąć, zmierz i delikatnie zaznacz właściwy rozmiar. Przytrzymaj mocno linijkę w zaznaczonym punkcie i oderwij niepotrzebny kawałek, by uzyskać równą krawędź.

BRAK GZYMSU

Gzyms bywa dekoracyjnym elementem u góry ściany, zakrywając połączenie między ścianami a sufitem. Pełni także rolę obramowania, dzięki czemu górne krawędzie ściany wyglądają estetycznie. Gzymsy można zazwyczaj znaleźć tylko w starszych domach, ale pasują też doskonale do nowoczesnych wnętrz. Jeśli w twoim pokoju nie ma gzymsu, a zależy ci na tym dekoracyjnym elemencie, możesz go przytwierdzić albo posłużyć się farbą, by osiągnąć podobny efekt.

ROZWIĄZANIE 1. *Zastosowanie gzymsu*

Gzymsy mogą być wykonane z różnych materiałów, mają też różną szerokość, styl i cenę. Te droższe, wykonane z gipsu, są bardziej dekoracyjne. Odznaczają się jednak sztywnością i mogą być przytwierdzone tylko do równych ścian.

NIEZBĘDNE MATERIAŁY

☐ Gzyms z polistyrenu
☐ Miara stalowa
☐ Ołówek
☐ Skrzynka uciosowa
☐ Grzbietnica
☐ Klej błyskawiczny
☐ Cienkie gwoździe
☐ Młotek
☐ Pędzel 10 cm
☐ Emulsyjna farba matowa (str. 23)

TECHNIKA PODSTAWOWA:

☐ Malowanie (str. 24)

1 Zacznij od narożnika pokoju. Zmierz długość ściany i przytnij odpowiednio profil. Posługując się skrzynką uciosową, przytnij końce pod kątem 45 stopni, by otrzymać równe, ukośne narożniki.

2 Nałóż falistą linią klej wzdłuż obu spodnich boków profilu. Przyłóż go do ściany i mocno przyciśnij.

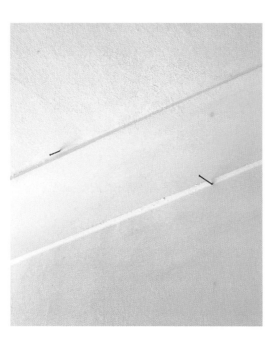

3 Wbij gwoździe powyżej i poniżej gzymsu, by przytrzymać go we właściwym miejscu podczas schnięcia kleju. Kontynuuj czynność wzdłuż pokoju, pamiętając, by w miejscach, gdzie stykają się prostopadłe końce, zachować równą linię. Pomaluj profil dwukrotnie farbą emulsyjną.

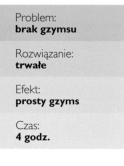

Problem:
brak gzymsu

Rozwiązanie:
trwałe

Efekt:
prosty gzyms

Czas:
4 godz.

UWAGI

Zastosuj profile możliwie najdłuższe. Im mniej złączy na ścianie, tym ładniejszy gzyms i tym łatwiej uzyskać właściwy efekt.

Prosty gzyms jest łatwy do przytwierdzenia i pasuje zarówno do tradycyjnego, jak i współczesnego wnętrza.

ROZWIĄZANIE 2. *Namalowany pas*

By stworzyć wrażenie gzymsu, namaluj prosty pas w białym kolorze. Jest to dobre rozwiązanie dla pokoi o bardzo nierównej linii styku ścian z sufitem, która uniemożliwia przytwierdzenie gzymsu. Sufit musi być pomalowany na jakiś kolor; nie musi być taki sam jak na ścianach, ale nie może być biały. Wybierz jasny kolor, by uniknąć wrażenia niskiego sufitu, musi on jednak dostatecznie kontrastować z bielą, by linia była wyraźna.

Pomaluj wałkiem ściany i sufit farbami w odpowiednich kolorach. Posługując się pędzlem, pomaluj przybliżoną powierzchnię pasa na biało. Zaczynając od styku ściany z sufitem, zaznacz tę samą odległość na suficie i ścianie. Za pomocą poziomnicy narysuj prostą linię na ścianie. Jeśli chodzi o sufit, dokonaj pomiarów w regularnych odstępach i połącz zaznaczone punkty, posługując się linijką i ołówkiem. Wlej trochę farby do tacki malarskiej, zanurz w niej gąbkę malarską i usuń nadmiar farby, ocierając gąbkę o brzeg tacki. Przesuń gąbką wzdłuż sufitu, zgodnie z narysowaną linią. Pomaluj pozostałą część sufitu. Powtórz czynność na ścianie.

NIEZBĘDNE
MATERIAŁY

- ☐ Wałek z owczej skóry
- ☐ Tacka malarska
- ☐ Pędzel 5 cm
- ☐ Emulsyjna farba matowa
  w dwóch kolorach
  i białej (str. 23)
- ☐ Linijka
- ☐ Ołówek
- ☐ Gąbka malarska 20 cm

TECHNIKA
PODSTAWOWA

- ☐ Malowanie (str. 24)

Problem:
brak gzymsu

Rozwiązanie:
poprawa wyglądu

Efekt:
namalowany pas

Czas:
3 godz.

Im intensywniejsze kolory, tym mocniejszy efekt wizualny, ale tylko w wysokich, dobrze oświetlonych pokojach sprawdzą się mocne barwy sufitu.

ROZWIĄZANIE 3. *Namalowane obramowanie*

Posługując się poziomnicą, jak opisano to w rozdziale „Malowanie prostokątów" (str. 42), narysuj serie małych prostokątów wokół górnej części ściany. Największy powinien odpowiadać rozmiarami szerokości obramowania – 25 cm to zwykle odpowiednia wielkość. Wykreśl je w przypadkowo uszeregowanych, zachodzących na siebie grupach po trzy – będą się one składały z jednego dużego prostokąta, jednego wąskiego i długiego, wreszcie jednego małego. Posługując się płaskim, prostokątnym pędzlem, pomaluj ten największy na jasny kolor, cienki na ciemny, a najmniejszy farbą perłową, w takiej właśnie kolejności.

Wybierz sobie jakiś śmiały i jednocześnie prosty wzór i zastosuj go w szerokim ozdobnym obramowaniu ścian. Poziomnica zapewni dokonanie właściwych pomiarów, a płaski, prostokątny pędzel pozwoli uzyskać równe narożniki. Ściany i sufit w pokoju muszą być pomalowane na ten sam jasny kolor, stanowiący tło, gdyż w przeciwnym razie linia ich styku będzie odwracać uwagę od samego obramowania.

NIEZBĘDNE MATERIAŁY

☐ Poziomnica
☐ Płaski, prostokątny pędzel 2,5 cm
☐ Emulsyjna farba matowa w jasnym i ciemnym kolorze (str. 23)
☐ Farba perłowa (str. 23)

TECHNIKA PODSTAWOWA

☐ Malowanie (str. 24)

Problem:
brak gzymsu pod sufitem

Rozwiązanie:
poprawa wyglądu

Efekt:
namalowany wzór

Czas:
4 godz.

Ponieważ efekt jest wyrazisty, a tworzenie obramowania wymaga oceny wzrokowej i odręcznego malowania, technika ta jest odpowiednia dla ryzykantów, nawet jeśli odpowiednie narzędzia przyspieszają i ułatwiają pracę.

OTWARTA PRZESTRZEŃ stanowi obecnie ogólny trend, ale w pewnych pomieszczeniach drzwi zawsze będą potrzebne, chociażby w łazience czy sypialni. Niewłaściwa modernizacja w starszych domach może doprowadzić do tego, że pozostaną nieodpowiednie drzwi, a ich wymiana może być kosztowna. Jeśli twoje drzwi działają właściwie i nie są poważnie zniszczone, spróbuj je ozdobić. Jeśli są źle dopasowane, a zależy ci na takich samych, zastanów się nad wyborem prostej wersji, która nawet zakupiona w detalu będzie stanowić najlepsze pod względem finansowym rozwiązanie.

W rozdziale tym proponujemy trwałe rozwiązania, przy wykorzystaniu istniejących, typowych drzwi. Jest ich wiele, ale żadne nie wymagają jakichś szczególnych umiejętności. Istnieją szybkie i proste metody rozwiązań dekoracyjnych a zarazem praktycznych, wymagających jedynie nieskomplikowanych zabiegów malarskich.

Rozdział ten porusza także inne powszechne problemy: drzwi zniszczone albo za krótkie (kiedy zostaje usunięta wykładzina). Niekiedy zaleca się dostosowanie istniejących drzwi zamiast ich wymiany.

Dobrą metodą odnowienia drzwi jest zakup atrakcyjnej klamki. Zamontowanie nietypowej, ciekawej czy po prostu odrobinę niestandardowej może w ogromnym stopniu zaważyć na ostatecznym wyglądzie.

Drzwi

DRZWI PŁASKIE

Najtańsze, a zatem najczęściej stosowane drzwi to te płaskie, bez paneli czy jakichkolwiek ozdobnych elementów. Doskonale spełniają swoją funkcję, ale mogą wyglądać banalnie czy niewłaściwie, zwłaszcza w starszych domach. Istnieje kilka sposobów pozwalających uatrakcyjnić je wizualnie albo wkomponować w wystrój pomieszczenia. Ozdobienie drzwi daje także inne korzyści. Możesz dopasować do siebie wszystkie drzwi w holu i ozdobić je zgodnie z wystrojem innych pokoi. Rozwiązuje to problem konieczności znalezienia jednego, pasującego do wszystkiego stylu, co zawsze wymaga w którymś momencie kompromisu. Oryginalna powierzchnia drzwi musi być odpowiednio zabezpieczona przed malowaniem.

ROZWIĄZANIE 1. *Drzwi – tablica szkolna*

Bardzo prostą i łatwą w zastosowaniu metodą uatrakcyjnienia zwykłych drzwi jest wzbogacenie ich o jakąś dodatkową funkcję. Tablica namalowana na skrzydle drzwi może pełnić rolę tablicy „memo" w kuchni lub gabinecie, i dostarczać rozrywki w pokoju dziecięcym. Farba do tablicy jest niedroga i dostępna w formie gotowej. Może być stosowana bezpośrednio na istniejącą farbę czy powierzchnię drzwi.

2 Zamaluj zamaskowany zarys farbą do tablicy, rozprowadzając ją równomiernie, tak aby powierzchnia była możliwie gładka. Od razu usuń taśmę i odczekaj, aż farba wyschnie.

NIEZBĘDNE MATERIAŁY

- ☐ Farba półmatowa do drewna (str. 23)
- ☐ Pędzel 2,5 cm
- ☐ Ołówek
- ☐ Linijka
- ☐ Taśma malarska
- ☐ Farba do tablic

TECHNIKA PODSTAWOWA

- ☐ Malowanie (str. 24)

Problem:
płaskie drzwi

Rozwiązanie:
poprawa wyglądu

Efekt:
tablica szkolna

Czas:
30 min

1 Pomaluj drzwi dwukrotnie półmatową farbą do drewna w kolorze tła i odczekaj, aż wyschnie. Zmierz i nakreśl zarys tablicy; rozmiar zależy od ciebie. Zamaskuj krawędzie taśmą malarską.

UWAGI

Trzymaj pod ręką suchą ściereczkę albo ścierak do tablicy, by usuwać drobne ślady kredy, przetrzyj też od czasu do czasu całą powierzchnię wilgotną szmatką.

Przyklej wzdłuż dołu tablicy listwę z profilu kątowego, by otrzymać wąską półkę na kredę.

ROZWIĄZANIE 2. *Drewniane panele*

Jeśli pragniesz mieć solidne drewniane drzwi, ale twój budżet wyklucza ich nabycie, oto właściwe rozwiązanie. Przy wykorzystaniu barwionego lakieru w odcieniach typowych dla prawdziwego drewna możesz bez trudu stworzyć imitację drewna. Jest to efekt osiągany w prosty sposób, niewymagający specjalnej techniki malowania.

I Pokryj całe drzwi białą farbą półmatową do drewna i odczekaj, aż wyschną. Rozplanuj układ koloru na drzwiach: dobry rezultat może przynieść zaznaczenie pasa szerokości 10 cm, biegnącego po obu bokach

drzwi, kolejnych u dołu i u góry, i jednego tuż nad środkową częścią drzwi. Zmierz i zaznacz pasy. Oddziel taśmą malarską dwa centralne fragmenty utworzone przez narysowane pasy. Posługując się pędzlem 5 cm, rozprowadź lakier po panelach długimi, nieprzerwanymi ruchami, za każdym razem od góry do dołu. Kiedy lakier jest wciąż mokry, przesuń pędzlem z powrotem, włosiem do przodu. Włosie po obu bokach pędzla rozjedzie się, co pozwoli stworzyć imitację nierównych słojów i włókien.

UWAGI

Jeśli uważasz, że słoje są zbyt wyraziste, nałóż po prostu jeszcze jedną warstwę lakieru, rozprowadzając go zgodnie z kierunkiem słojów.

2 Przesuwaj lekko pędzlem po mokrym lakierze, zatrzymując się gwałtownie co pewien czas, by stworzyć kolejne imitacje nierównych słojów. Usuń bezzwłocznie taśmę.

NIEZBĘDNE MATERIAŁY

- ☐ Biała farba półmatowa do drewna
- ☐ Ołówek
- ☐ Linijka
- ☐ Taśma malarska
- ☐ Szybkoschnący lakier w odcieniu dębu (str. 23)
- ☐ Pędzel 5 cm
- ☐ Pędzel 2,5 cm

TECHNIKA PODSTAWOWA

- ☐ Malowanie (str. 24)

Problem:
płaskie drzwi

Rozwiązanie:
poprawa wyglądu

Efekt:
imitacja paneli

Czas:
2 godz.

3 Przyklej kawałek taśmy wzdłuż końców krótszych fragmentów, u góry i u dołu drzwi, a także pośrodku. Posługując się pędzlem 2,5 cm, rozprowadź lakier wzdłuż pasa, pozwalając, by zachodził na krawędzie górnego i dolnego. Pozwoli to stworzyć linię cienia. Przesuwaj włosiem po lakierze, by stworzyć słoje tak jak poprzednio.

4 Na koniec zajmij się długimi pasami po obu stronach drzwi. Posługując się pędzlem 2,5 cm, rozprowadź lakier od góry do dołu, zachodząc lekko na środkowe fragmenty, tak jak poprzednio. Przesuwaj włosiem po lakierze, a następnie wykonaj imitację słojów.

Te drzwi, w zależności od zabarwienia lakieru, mogą mieć kolor różnych gatunków drewna.

ROZWIĄZANIE 3. *Imitacja skórzanego panelu*

Te tradycyjne drzwi, w ciemnych kolorach, będą doskonale pasowały do gabinetu czy też do bardziej eleganckiego holu. Wielkość środkowego fragmentu jest kwestią subiektywnej decyzji, ale należy trzymać się zasady, że pas u dołu drzwi powinien być szerszy niż ten u góry. Barwiony lakier do drewna zapewni odpowiedni odcień zewnętrznego obramowania, a farba olejna w kolorze spalonej umbry będzie zbliżona do ciemnej skóry.

1 Pokryj całe drzwi podkładową warstwą farby półmatowej o barwie łososiowego różu i odczekaj, aż wyschnie. Zmierz i nakreśl środkowy fragment, a następnie zamaskuj taśmą malarską. Pokrywając za jednym razem niewielkie fragmenty powierzchni i posługując się pędzlem 5 cm, rozprowadź niezbyt starannie grubą warstwę tej samej różowej farby, a następnie tepuj ją czubkiem pędzla, by uzyskać grubą, pomarszczoną fakturę. Pokryj cały oznaczony fragment w ten sam sposób. Bezzwłocznie usuń taśmę i zaczekaj, aż powierzchnia drzwi wyschnie.

2 U góry i u dołu drzwi przyklej kawałki taśmy od krawędzi namalowanego fragmentu do końca drzwi. Posługując się pędzlem 5 cm, nałóż dwie warstwy lakieru, rozprowadzając go w poprzek drzwi. Każde pociągnięcie pędzlem powinno być wykonane w tym właśnie kierunku, przez całą, oddzieloną taśmą część drzwi. Lakieruj, aż do krawędzi środkowego fragmentu.

Usuń taśmę i nałóż dwie warstwy lakieru na boczne fragmenty drzwi, wykonując długie, nieprzerwane ruchy. Nie musisz maskować taśmą boków, ale staraj się nie zachodzić pędzlem na polakierowane partie drzwi.

3 Kiedy lakier jest całkowicie suchy, ponownie zabezpiecz taśmą środkowy fragment. Posługując się pędzlem do tepowania, pomaluj go artystyczną farbą olejną, upewniając się, że pokryła wszelkie szczeliny w różowej farbie.

4 Bezzwłocznie zetrzyj miękką szmatką nadmiar farby. W miejscach, gdzie faktura jest wyraźniejsza, zostanie usunięta większa ilość umbry, co stworzy imitację skóry. Odczekaj, aż farba całkowicie wyschnie; może to potrwać do trzech dni.

Gwoździe tapicerskie
określą granicę obu faktur
i zapewnią wrażenie
autentyzmu, ponieważ
są zwykle stosowane
w przypadku
prawdziwej skóry.

NIEZBĘDNE MATERIAŁY

☐ Półmatowa farba
  do drewna w kolorze
  łososiowego różu
  (str. 23)
☐ Pędzel 5 cm
☐ Ołówek
☐ Linijka
☐ Taśma malarska
☐ Szybkoschnący
  barwny lakier
  w odcieniu orzecha
  (str. 23)
☐ Artystyczna farba
  olejna w odcieniu
  spalonej umbry
☐ Mały pędzel
  do tepowania
☐ Miękka szmatka
☐ Gwoździe tapicerskie
☐ Młotek

TECHNIKA PODSTAWOWA

☐ Malowanie (str. 24)

Problem:
płaskie drzwi

Rozwiązanie:
poprawa wyglądu

Efekt:
imitacja skóry

Czas:
4 godz.

UWAGI

Nie ma znaczenia, jeśli trochę lakieru dostanie się na pomalowaną środkową część drzwi, ponieważ artystyczna farba olejna go zakryje. Jeśli martwisz się, że przy lakierowaniu części bocznych najedziesz pędzlem na górną i dolną, odczekaj, aż obie wyschną, a następnie zabezpiecz je taśmą przed polakierowaniem boków.

5 Zaczynając od narożnika, wbij młotkiem rząd gwoździ tapicerskich wokół środkowego fragmentu.

ROZWIĄZANIE 4. *Wypukłe panele*

W miejsce faktury i koloru można zastosować trójwymiarowy fragment, uzupełniając w ten sposób skrzydło drzwi. Jest to rozwiązanie niezwykle proste do zastosowania, i jeśli nie masz laubzegi (piła włosowa), poproś stolarza o przycięcie w odpowiednim rozmiarze płyty pilśniowej.

1 Pokryj najpierw drzwi jedną warstwą farby półmatowej do drewna i odczekaj, aż wyschnie. Zmierz, a następnie zaznacz rozmiar i położenie paneli na drzwiach.

2 Zmierz, zaznacz i wytnij z płyty pilśniowej panele takiej samej wielkości jak te narysowane na drzwiach.

NIEZBĘDNE
MATERIAŁY

☐ Farba półmatowa
  do drewna (str. 23)

☐ Pędzel 2,5 cm

☐ Ołówek

☐ Linijka

☐ Płyta pilśniowa 3 mm

☐ Laubzega

☐ Klej

☐ Podkład

☐ Papier ścierny

TECHNIKA
PODSTAWOWA

☐ Malowania (str. 24)

Problem:
płaskie drzwi

Rozwiązanie:
nałożenie paneli

Efekt:
wypukłe panele

Czas.
1,5 godz.

3 Pokryj klejem spodnią powierzchnię każdego panelu i przyciśnij we właściwym miejscu.

4 Wyszlifuj papierem ściernym krawędzie. Zagruntuj, a następnie pomaluj panele. Na koniec pokryj całe drzwi drugą warstwą farby.

UWAGI

Jeśli nie jesteś do końca pewien, jak rozmieścić panele na drzwiach, by pasowały do wystroju pokoju, wytnij kawałki grubego kartonu i przyklej do drzwi taśmą malarską. Kiedy już będziesz zadowolony z ich rozmieszczenia, obrysuj panele, a następnie kontynuuj od etapu 2.

Wzór paneli na drzwiach może być zarówno prosty, jak i skomplikowany, zgodnie z twoim życzeniem.

USZKODZONE ALBO KRÓTKIE DRZWI

Codzienne zużycie i uszkodzenia spowodowane przez stopy i zwierzęta najczęściej uwidaczniają się u dołu drzwi. Uzupełnienie ubytków i pomalowanie jest jakimś wyjściem z sytuacji, ale jeśli drzwi są narażone na bezustanne uszkodzenia, lepsze jest rozwiązanie zapewniające trwałą ochronę.

Inny powszechnie spotykany problem występuje wtedy, gdy zostaje usunięta wykładzina na rzecz tradycyjnych desek podłogowych. Drzwi zamontowano do poziomu wykładziny i teraz są za krótkie. Jeśli jednak otwierają się na pokój, w którym nadal jest wykładzina, nie możesz ich zmienić, gdyż nie będą funkcjonować prawidłowo.

ROZWIĄZANIE 1. *Panel metalowy*

Poproś w sklepie o przycięcie blachy aluminiowej do żądanego wymiaru.

Przygotuj panel wysokości 25 cm i szerokości drzwi minus 5 cm. Przytwierdź go 2,5 cm nad dolną krawędzią drzwi, stosując klej kontaktowy.

W przypadku za krótkich drzwi przygotuj panel wysokości 30 cm i szerokości równej drzwiom. Przytwierdź go tak, aby wychodził poza dolną krawędź, zasłaniając odstęp od podłogi.

NIEZBĘDNE MATERIAŁY

☐ Blacha aluminiowa, przycięta do odpowiedniej wielkości
☐ Klej kontaktowy

Problem:
zniszczone drzwi

Rozwiązanie:
trwałe

Efekt:
metal

Czas:
10 min

Blacha metalowa dostępna jest w różnym wykończeniu, wybierz więc taką, która jest najodpowiedniejsza dla twojego pokoju.

ROZWIĄZANIE 2. *Przedłużona listwa przypodłogowa*

Prostą metodą zlikwidowania szczeliny między drzwiami i podłogą jest przedłużenie listwy przypodłogowej na drzwi. Przytnij ją do odpowiedniego wymiaru, tak aby, kiedy już zostanie przyklejona, znajdowała się w równej linii z górną krawędzią listew po obu stronach drzwi.

Przytwierdź listwę do drzwi, stosując klej błyskawiczny.

W przypadku tego rozwiązania drzwi muszą znajdować się w jednej płaszczyźnie ze ścianą, gdyż w przeciwnym razie nowa listwa będzie zahaczać o ościeżnicę i blokować drzwi.

Drzwi te znajdują się w pokoju przechodnim, zostały więc pomalowane na kolor ścian.

NIEZBĘDNE MATERIAŁY

☐ Listwa
   przypodłogowa,
   przycięta
   do właściwego
   rozmiaru
☐ Klej błyskawiczny

Problem:
krótkie drzwi

Rozwiązanie:
poprawa jakości drzwi

Efekt:
przedłużona listwa

Czas:
30 min

ŚWIATŁO NATURALNE jest jednym z najważniejszych elementów w każdym pokoju. Okna są tak zaprojektowane, by dostarczać światła, ale – podobnie jak inne elementy wyposażenia mieszkania – mogą nastręczać problemy.

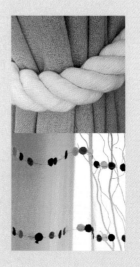

Wielu z nas mieszka w ciasno zabudowanej okolicy, gdzie bliskość innych budynków może sprawiać, że zaglądasz komuś innemu do pokoju albo widok z okna nie jest szczególnie atrakcyjny. Na szczęście możesz poradzić sobie z tym problemem na kilka różnych sposobów.

Innym problemem, z jakim styka się przy tej czy innej okazji większość ludzi, jest ozdobienie okna, zwłaszcza przy ograniczonym budżecie. Zasłony są drogie i trudno je uszyć, jeśli ktoś nie ma wprawy. Jednakże podajemy w tym rozdziale sprytne rozwiązania, które można dopasować do różnych stylów okien.

By zapewnić sobie maksimum światła naturalnego w pokoju, upewnij się, że karnisz jest szerszy niż okno, tak aby można było odciągnąć zasłony na bok. Wiąż je podczas dnia, dzięki czemu w pomieszczeniu będzie więcej światła: w rozdziale tym znajdziesz też dwie proste metody wiązania zasłon.

Okna

NIEATRAKCYJNY WIDOK ALBO WZORZYSTE SZKŁO

Okna stanowią często punkt centralny pokoju, ale tylko nieliczni wybrańcy losu mogą cieszyć się wspaniałym widokiem po drugiej stronie. Większość z nas ma mniej szczęścia. Jeśli widok za twoim oknem jest naprawdę nieatrakcyjny, nie zakrywaj całkowicie szyby, odcinając przy okazji dostęp światła naturalnego. Uzupełnij szkło i ramę o elementy dekoracyjne, by odciągnąć uwagę od widoku i skierować ją na okno.

Jeśli nie chcesz wykorzystywać szyby, przytnij przezroczysty plastik do odpowiedniego rozmiaru, dodaj dekoracje i przytwierdź do ramy bezbarwnym szczeliwem. Nie będzie zbyt widoczne, poza tym można je w przyszłości łatwo usunąć, jeśli tylko zechcesz.

Ekrany antywłamaniowe i szyby też nastręczają konkretne problemy, które można rozwiązać, stosując kolor jako element odwracający uwagę.

ROZWIĄZANIE 1. *Pomalowana szyba*

Wzorzysta szyba pomaga zachować prywatność, przepuszczając jednocześnie światło, ale jest często nieatrakcyjna i przestarzała, jeśli chodzi o wygląd. Wymiana na inny wzór może być kosztowna i przynieść jedynie nieznaczną poprawę. Lepiej umieścić na szybie kolorową dekorację, która odciągnie uwagę od wzoru.

2 Użyj dwóch czy trzech kolorów, by pomalować widoczne paski szyby. Namaluj je po obu stronach taśmy i od razu ją zerwij. Kontynuuj na całej szerokości szyby, malując i usuwając taśmę.

1 Zawsze pracuj na gładkiej stronie szyby. Użyj taśmy malarskiej, by zamaskować framugę wokół szkła, a następnie utwórz wzór z pasków, przyklejając taśmę różnej szerokości do szyby, zaczynając od boków i posuwając się ku środkowi. Upewnij się, że pierwsze paski taśmy są równoległe do framugi i że kolejne są równoległe w stosunku do siebie.

NIEZBĘDNE MATERIAŁY

- ☐ Taśma malarska różnej szerokości
- ☐ Wodne farby do szkła
- ☐ Sobolowe pędzle, osobno do każdego koloru

TECHNIKA PODSTAWOWA

- ☐ Malowanie (str. 24)

Problem:
wzorzysta szyba

Rozwiązanie:
maskowanie

Efekt:
namalowane wstęgi

Czas:
2 godz.

> **UWAGI**
>
> *Kiedy naklejasz taśmę na szybę, pamiętaj, że to fragmenty szkła między paskami taśmy tworzą końcowy wzór, nie zaś paski taśmy, które się potem odrywa, by odsłonić czyste szkło. Zaczynaj od obu boków szyby, posuwając się ku jej środkowi, by stworzyć symetryczny wzór, tak jak zrobiono to tutaj, albo od jednego boku do drugiego, by stworzyć wzór nieregularny. Jeśli farba wycieka spod taśmy, poczekaj, aż wyschnie, a potem zeskrob ją ostrożnie czubkiem noża z chowanym ostrzem.*

Wzorzysta szyba jest często stosowana zarówno w drzwiach, jak i w oknach, i rozwiązanie to sprawdza się w obu przypadkach.

ROZWIĄZANIE 2. *Ołowiane szprosy i matowy sprej*

Jest to szczególnie dobre rozwiązanie, gdy widok jest nieciekawy, a szyba gładka. Mocne linie, utworzone przez ołowiane szprosy, wzbogacają płaszczyznę szkła i czynią z okna śmiałe, dekoracyjne uzupełnienie pokoju. Samoprzylepny ołów jest dość sztywny i nie wygina się łatwo, więc zaplanuj wzór o prostych liniach.

1 Posługując się ołówkiem i linijką, narysuj prosty szablon na kartonie; układ prostych linii sprawdza się w przypadku ołowianych szprosów. Przytwierdź szablon do spodniej strony arkusza plastiku albo do okna taśmą malarską.

2 Zamaskuj taśmą fragmenty powierzchni, które mają być pokryte sprejem.

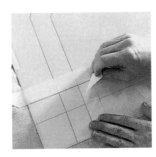

NIEZBĘDNE MATERIAŁY

☐ Ołówek
☐ Linijka
☐ Karton przycięty do rozmiarów okna
☐ Sztywny arkusz plastiku, przycięty do rozmiarów okna
☐ Taśma malarska
☐ Papier
☐ Sprej matowy
☐ Samoprzylepne szprosy ołowiane 3 mm i 6 mm
☐ Nożyczki
☐ Nóż

Problem:
nieatrakcyjny widok

Rozwiązanie:
odwrócenie uwagi

Efekt:
wypukły i matowy wzór

Czas:
2 godz.

4 Pracując na liniach, które graniczą z pokrytymi sprejem fragmentami szyby, wytnij – nieco dłuższe niż potrzeba – odcinki ołowianych szprosów szerokości 6 mm. Zerwij kawałek osłony papierowej ze szprosów i przyciśnij jeden koniec szprosu do szkła. Zerwij resztę papieru i przyklej pozostałą część szprosu, zgodnie z linią szablonu. Powtórz czynność na innych liniach.

UWAGI

● *Jeśli tworzysz szprosy na arkuszu plastiku, który nakleisz na okno w ramie, upewnij się, czy szyba jest idealnie czysta.*

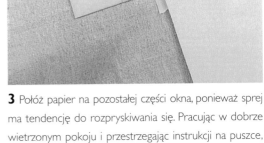

3 Połóż papier na pozostałej części okna, ponieważ sprej ma tendencję do rozpryskiwania się. Pracując w dobrze wietrzonym pokoju i przestrzegając instrukcji na puszce, pokryj zamaskowane fragmenty sprejem matowym. Zerwij ostrożnie taśmę malarską i odczekaj, aż sprej wyschnie.

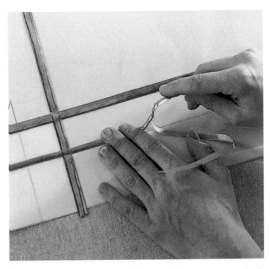

5 Pracując w ten sam sposób, przyklej szprosy szerokości 3 mm do pozostałych linii wzoru, krzyżując je z grubszymi szprosami i przyciskając palcami w miejscu złączenia.

*Możesz zmienić wzór,
dopasowując go do swego okna.
Eksperymentuj, rysując wzory
na kalce kreślarskiej grubym
czarnym mazakiem,
a następnie przytwierdzając
ją do framugi okna, by uzyskać
odwzorowanie końcowego
rezultatu.*

6 Posługując się nożem, odetnij wszelkie wystające fragmenty szprosów po bokach szyby.

ROZWIĄZANIE 3. Wzory ze srebrnej kalkomanii

Duże kwadraty srebrnej kalkomanii na oknie mogą zakryć fragmenty nieatrakcyjnego widoku. Ponieważ kalkomania odbija światło, przedostaje się ono do wnętrza pokoju, pełniąc nie tylko rolę dekoracyjną.

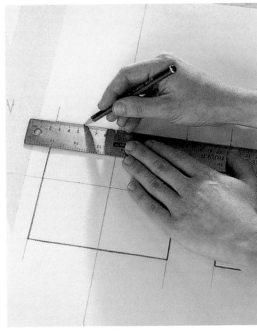

1 Narysuj szablon wzoru na kartonie; na ilustracji na str. 119 mamy trzy kwadraty ustawione w jednej linii pośrodku szyby. Przytwierdź szablon do spodniej strony arkusza plastiku albo okna.

UWAGI

- Usuwaj podklejkę bardzo wolno, kawałek po kawałku. Jeśli duża część kalkomanii wciąż do niej przywiera, połóż ją z powrotem na tym samym miejscu i pocieraj, aż przyklei się do powierzchni.
- Jeśli pragniesz uzyskać inny wzór, połóż szablon na szkle i spryskaj go klejem. Połóż kalkomanię na kleju i pocieraj ją. Oderwij podklejkę, a następnie, posługując się miękką szczotką, usuń nadmiar kalkomanii, odsłaniając wzór. Technika ta sprawdza się najlepiej w przypadku prostego wzoru, ponieważ podczas czynności szczegóły mogą się zagubić.

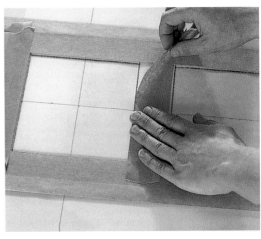

2 Zamaskuj wzór taśmą malarską. Ważne jest, by zamaskować całą powierzchnię szyby, ponieważ klej w spreju ma tendencje do rozpryskiwania się.

NIEZBĘDNE MATERIAŁY

- ☐ Karton przycięty do rozmiarów okna
- ☐ Ołówek
- ☐ Linijka
- ☐ Arkusz plastiku przycięty do rozmiarów okna
- ☐ Taśma malarska
- ☐ Klej w spreju
- ☐ Trzy kwadraty kalkomanii
- ☐ Miękka szmatka

Problem:
nieatrakcyjny widok

Rozwiązanie:
odwrócenie uwagi

Efekt:
wzór z kalkomanii

Czas:
1 godz.

3 Pokryj odsłonięte szkło grubą warstwą kleju.

4 Połóż kalkomanię na spryskanej klejem powierzchni. Pocieraj podklejkę miękką szmatką, by się upewnić, że kalkomania przywarła odpowiednio do powierzchni, a następnie zerwij ostrożnie papier. Usuń taśmę malarską.

Kwadraty sprawdzają się w nowoczesnym otoczeniu, ale możesz stworzyć za pomocą szablonu jakiś stylowy wzór.

ROZWIĄZANIE 4. *Ekran z paciorkami*

Wielu mieszkańców miast stosuje w oknach ekrany antywłamaniowe. W przypadku większych okien przybierają one postać krat zewnętrznych, ale w małych oknach parteru stosuje się często wewnętrzne ekrany z siatki. To rozwiązanie pozwala przekształcić brzydki ekran w element dekoracyjny. Wybierz kolorowe szklane paciorki, a następnie, wykorzystując siatkę ekranu, zaprojektuj wzór. Nawlecz każdy paciorek na kawałek cienkiego drutu albo owiń go nim. Potem przymocuj je drutem do siatki ekranu według wybranego wzoru. Usuń wszelki nadmiar drutu cęgami.

NIEZBĘDNE MATERIAŁY

☐ Srebrny drut

☐ Szklane paciorki
  i bryłki różnych
  rozmiarów i kolorów

☐ Cęgi

Problem:
wzorzyste szkło

Rozwiązanie:
maskowanie

Efekt:
ekran ozdobny

Czas:
4 godz.

„Miękkie" kolory
półprzezroczystego szkła
promieniują, gdy światło
przechodzi przez okno.

UWAGI

Najpierw umieść na oknie większe paciorki w symetrycznym układzie, a następnie przesuwaj się na zewnątrz od tych punktów, by szybko i łatwo ułożyć cały wzór.

ROZWIĄZANIE 5. Wzory uzyskane za pomocą flamastra

Kiedy chodzi ci tylko o delikatny element dekoracyjny, odpowiedni efekt zapewnia popularny sposób malowania na szkle. Posłuż się flamastrem do szkła, by narysować wzór na szybie. Tubki tuszu mają wąski wylot, który gwarantuje uzyskanie cienkiej linii, która nie wpłynie na ilość światła wpadającego do pokoju. Poza tym śmiałe motywy wzoru nie będą zbyt przytłaczające. Prostą metodą jest skopiowanie wzoru z paska tapety czy, w przypadku większych okien, całego jej fragmentu.

UWAGI

Zawsze wyciskaj tubę, zaczynając od jej końca, który zawijaj w miarę jej opróżniania. Jeśli popełniłeś przy nanoszeniu wzoru błąd, odczekaj, aż tusz wyschnie, a następnie usuń dany fragment nożem i ponownie nakreśl kontur wzoru.

Umieść tapetę pod arkuszem plastiku albo przytwierdź ją po zewnętrznej stronie okna. Wykorzystując pasek tapety jako szablon, zakreśl na szybie elementy wzoru. Poczekaj, aż wyschnie.

Flamaster do szyb dostępny jest w szerokim zakresie kolorów i metalicznych odcieni, ale wybieraj go ostrożnie. Jasne, delikatne kolory i srebro nie są zbyt widoczne na oknie.

NIEZBĘDNE MATERIAŁY

☐ Arkusz plastiku, przycięty do rozmiaru okna (opcjonalnie)
☐ Taśma malarska
☐ Wzorzysta tapeta
☐ Flamaster do szkła

Problem:
nieatrakcyjny widok

Rozwiązanie:
odwrócenie uwagi

Efekt:
kontury wzoru

Czas:
30 min

BRAK PRYWATNOŚCI

Pomieszczenia takie jak sypialnie i łazienki wymagają w pewnym stopniu prywatności, ale – jak każdy pokój – zwłaszcza jeśli jest mały, potrzebują też maksymalnie dużo światła. Firanki to oczywista opcja, ale nie zawsze pasują do stylu pomieszczenia i czasem też nie zapewniają odpowiedniej prywatności. Rozwiązania, jakie tu proponujemy, oferują różny jej poziom, od częściowej do całkowitej, gwarantując jednak dostęp światła do pomieszczenia.

ROZWIĄZANIE 1. *Wzór otrzymany za pomocą matowego spreju*

Matowobiała, półprzezroczysta warstwa spreju nie ogranicza w najmniejszym stopniu dostępu światła do pokoju, a jednocześnie pozwala uzyskać na szybie wzory. Efekt jest dekoracyjny i zapewnia dużą dozę prywatności, w sam raz dla okna w sypialni. Posłuż się szablonem, by stworzyć wzór. Szablon będzie stanowił odwrotną stronę wzoru, stronę, którą jest niezakryta szyba.

1 Pokryj cienką warstwą kleju spodnią stronę kalki kreślarskiej i przyłóż do okna. Nanieś na papier wzór, o jaki ci chodzi, i ściągnij kalkę z szyby. Wytnij wzór, ponownie pokryj go klejem i jeszcze raz umieść na szybie. Postępując zgodnie z instrukcjami na puszce, spryskaj szkło sprejem.

> **UWAGI**
>
> *Sprej będzie się rozpryskiwał w powietrzu, tak więc nim zaczniesz, wszelkie powierzchnie wokół okna powinny być zakryte, a zasłony zdjęte. Wytrzyj delikatnie wykończone okno suchą szmatką, uważając, by nie porysować powierzchni. Drobne uszkodzenia można zakryć warstwą spreju.*

3 By delikatnie zaciemnić fragmenty czystej szyby, pokryj je sprejem, raz za razem naciskając dozownik.

NIEZBĘDNE MATERIAŁY

- ☐ Kalka kreślarska, przycięta do rozmiaru okna
- ☐ Klej w spreju
- ☐ Ołówek
- ☐ Nożyczki
- ☐ Sprej matowy

Problem:
brak prywatności

Rozwiązanie:
częściowa prywatność

Efekt:
matowy wzór

Czas:
2 godz.

2 Bezzwłocznie ściągnij kalkę z szyby, by odsłonić pokryty sprejem, negatywowy wzór.

Możesz posłużyć się tą techniką w przypadku niemal każdego wzoru. Jeśli uważasz, że nie jesteś w stanie opracować odpowiedniego, powiększ do właściwych rozmiarów jakiś motyw na fotokopiarce, wykreśl go i użyj jako szablonu.

ROZWIĄZANIE 2. *Folia matowa*

Jest to proste, trwałe rozwiązanie, które zapewnia całkowitą prywatność, nie utrudniając jednocześnie dostępu światła do pokoju. Folia matowa w przypadku większych powierzchni zapewnia lepszy efekt niż sprej, ponieważ pokrycie jest absolutnie równe i się nie rysuje.

I Spryskaj szybę rozcieńczonym roztworem detergentu, by pokryć ją cienką mgiełką, ale nie na tyle, by ściekał.

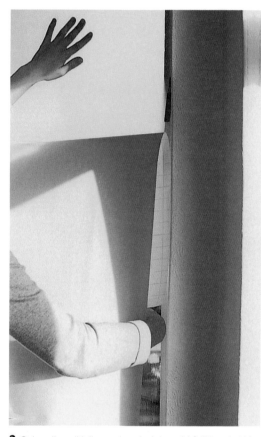

2 Oderwij podklejkę z wierzchniej części folii i umieść folię u góry szyby. Wyrównaj ją starannie. Roztwór pozwoli ci ostrożnie przesuwać folię po szybie.

Oderwij podklejkę do połowy i delikatnie wygładź folię na szybie, uważając, by nie poruszyć jej u góry okna. Zerwij resztę podklejki i wygładź folię do samego dołu.

NIEZBĘDNE MATERIAŁY

☐ Butelka zaopatrzona w końcówkę spryskiwacza z rozcieńczonym roztworem detergentu – I część detergentu na I część wody

☐ Matowa folia w rozmiarze okna

☐ Wycieraczka do okien

Problem:
brak prywatności

Rozwiązanie:
całkowita prywatność

Efekt:
matowa szyba

Czas:
30 min

3 Bezzwłocznie przeciągnij twardą krawędzią ściągaczki do okien po folii, od środka ku bokom, by usunąć spod spodu powietrze.

> **UWAGI**
>
> *Musisz umieścić folię na szybie bardzo dokładnie i pracować szybko. Mokra powierzchnia okna zacznie uaktywniać klej po drugiej stronie folii w chwili jej zetknięcia z szybą, więc nie pozostanie zbyt dużo czasu na przesunięcie folii.*

Rozwiązanie to, doskonałe w przypadku małej łazienki, zapewnia całkowitą prywatność bez utraty światła.

ROZWIĄZANIE 3. *Proste zasłony z woalu*

Zasłony z woalu, zawieszone na oknie, są uniwesalne i wielofunkcyjne, ponieważ zapewniają zarówno całkowitą, jak i częściową zasłonę. Są również łatwe do wykonania. Ponieważ wieszasz je z obu końców na hakach, oczka śrub hakowych można zaczepić o górne haki, zmieniając panel w półroletę.

1 Zmierz okno i uwzględnij zakładkę szerokości minimum 12 mm, lecz nie więcej niż 2,5 cm na całym obwodzie materiału plus 2,5 cm na boczne szwy i 10 cm na dolne i górne zakładki. Dostosuj zakładkę do szerokości ramy okiennej. Przytnij materiał w odpowiednim rozmiarze. Załóż podwójny rąbek szerokości 6 mm po każdej stronie i zszyj na maszynie. Załóż podwójny rąbek 2,5 mm u góry i dołu i zszyj na maszynie, a następnie przyszyj do krawędzi materiału, by utworzyć wsuwki, na tyle szerokie, by zmieścił się w nich wałek.

2 Zmierz długość wsuwek i przytnij odpowiednio wałki. Pomaluj je na biało i poczekaj, aż wyschną. Wkręć haki śrubowe w końce obu wałków. Przeciągnij wałki przez zakład, tak aby śruby wystawały po obu stronach panelu.

NIEZBĘDNE MATERIAŁY

- ☐ Woal szerokości okna plus 2,5 cm i długości okna plus 10 cm
- ☐ Nożyczki
- ☐ Nici maszynowe
- ☐ Maszyna do szycia
- ☐ Dwa wałki grubości 6 mm i szerokości zasłony
- ☐ Emulsyjna farba matowa (biała)
- ☐ Pędzel 2,5 cm
- ☐ Cztery haki zwykłe i haki śrubowe
- ☐ Szydło płaskie
- ☐ Ołówek

Problem:
brak prywatności

Rozwiązanie:
całkowita prywatność

Efekt:
płaska zasłona

Czas:
2 godz.

3 Przyłóż górną część zasłony do okna, umieszczając ją dokładnie pośrodku szyby. Poproś kogoś, by zaznaczył pozycję haków śrubowych na ramie okiennej, kiedy będziesz przytrzymywał zasłonę. Zrób orientacyjne wgłębienia szydłem płaskim w każdym zaznaczonym miejscu i wkręć hak. Najprościej jest wkręcić hak, wykonując nim kilka obrotów, a następnie przeciągnąć przez oko ołówek i wkręcić hak do końca.

4 Zaczep zasłonę na górnych hakach. Pociągnij dolny wałek w dół, aż materiał się napręży, i zaznacz miejsce na dolne haki. Wkręć je, tak jak uprzednio, i zaczep o nie haki śrubowe.

Zastosowanie lekkiego, jasnego woalu przyda oknu delikatności i zapewni dostęp rozproszonego światła do pokoju.

DEKORACJA OKNA PRZY OGRANICZONYM BUDŻECIE

Uszycie na zamówienie zasłon z wybranego materiału może być bardzo kosztownym przedsięwzięciem, zwłaszcza gdy masz duży dom z wieloma oknami. Gotowe zasłony występują w ograniczonym wyborze kolorów i rozmiarów. Są często wykonane z tańszych materiałów i mimo to drogie. Jeśli potrafisz szyć, możesz samodzielnie wykonać zasłony, ale nie każdy ma takie umiejętności. Istnieją jednak rozwiązania niewymagające specjalnie szycia, które pozwolą ci wybrać kolor i zharmonizować ciężar, fakturę i styl zasłon za pomocą prostych, a mimo to eleganckich opasek do zasłon.

ROZWIĄZANIE 1. *Opaski sznurowe*

Dostępne w sprzedaży opaski są drogie, ale łatwo wykonać je samemu z naturalnego albo barwionego sznurka. Sznury w naturalnym kolorze, które dostępne są w sklepach żeglarskich, wzmocnione sizalowym szpagatem, stworzą modną, nowoczesną opaskę, która będzie współgrała z większością zasłon i kolorami obić.

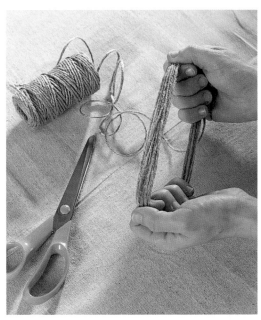

1 Owiń szpagat wokół kawałka kartonu około 20 razy, by otrzymać pętlę długości mniej więcej 45 cm. Zsuń ją z kartonu.

2 Złóż pętlę na pół i umieść jeden złożony koniec po obu stronach jednego końca liny. Zawiąż mocno więcej szpagatu wokół końca liny, obwiązując jednocześnie końce pętli. Upewnij się, że zawiązane pasma szpagatu leżą równo obok siebie i całkowicie zakrywają końce liny. Użyj czubka nożyczek, by umieścić końce szpagatu pod wiązaniem.

NIEZBĘDNE MATERIAŁY

☐ Kawałek kartonu szerokości 20 cm
☐ Szpagat sizalowy
☐ Nożyczki
☐ Gruba lina bawełniana długości 65 cm

Problem:
ograniczony budżet

Rozwiązanie:
trwałe

Efekt:
opaska linowa

Czas:
30 min

3 Złóż pętle na końcu liny. Owiń szpagatem punkt złożenia i owijaj dalej wzdłuż końca liny, aż dojdziesz do wcześniej obwiązanego odcinka liny, następnie wepchnij końce pod spód, tak jak poprzednio. Powtórz czynność na drugim końcu liny.

Umocuj hak na ścianie we właściwym miejscu. Owiń opaską zasłonę i zaczep końce szpagatu sizalowego na haku.

> **UWAGI**
>
> *Kiedy tniesz grubą linę, owiń ściśle taśmą jej odcinek, który ma być przycinany. Zapobiegnie to jej strzępieniu się, dopóki końce nie zostaną związane szpagatem.*

Dobierz linę i szpagat, czy też cienki sznurek tak, aby pasowały do twoich zasłon i utworzyły całkowicie profesjonalne opaski.

ROZWIĄZANIE 2. *Zasłony z płacht ochronnych na meble*

Płachty te bywają dostępne w dwóch rozmiarach, 3,5 x 2,8 m i 3,5 x 3,5 m; rozmiar mniejszy pasuje do większości okien. Płachty ochronne wyrabiane są z surowego bawełnianego materiału, który można pozostawić w stanie naturalnym lub ufarbować w pralce. Remizki (kółka), które przytwierdzasz do płacht, łączą dwie warstwy bez konieczności ich zszywania. Upewnij się, że są dostatecznie duże, by przesuwać się gładko po karniszu. Jeśli chcesz uzyskać spłowiały kolor, użyj tylko jednego opakowania barwnika na jedną płachtę, jeśli natomiast zależy ci na silniejszym odcieniu, użyj dwóch czy nawet trzech opakowań.

> **UWAGI**
>
> ● Kiedy spinasz dwie płachty ze sobą, upewnij się, że wszelkie szwy znajdą się od wewnątrz, tak aby gotowe zasłony można było odwracać. Pozwoli ci to zmienić akcent kolorystyczny w pokoju, gdy tylko tego zapragniesz w przyszłości.
> ● Dopóki zasłony nie są zbyt długie, nadmiar materiału może przesuwać się elegancko po podłodze. Ale jeśli musisz naprawdę zmienić długość, obetnij płachty i podszyj na maszynie jeszcze przed ufarbowaniem.

1 Wybierz dwa współgrające ze sobą kolory barwnika, które pasują do wystroju twojego pokoju. Ufarbuj płachty w pralce, zgodnie z zaleceniami producenta barwnika. Wyprasuj je, gdy będą jeszcze lekko wilgotne, by uzyskać gładką powierzchnię.

4 Postępując zgodnie z instrukcjami producenta, umieść połówki remizki po obu stronach materiału, tak aby obejmowały swoim obwodem nacięty krzyżyk. Umieść wbijak nad i pod remizką, a następnie uderzaj młotkiem, aż remizka zostanie umocowana na swoim miejscu.

NIEZBĘDNE MATERIAŁY

☐ Płachty ochronne na meble
☐ Barwnik do tkanin
☐ Sól
☐ Szpilki
☐ 12 remizek o średnicy 4,5 cm
☐ Linijka
☐ Ołówek
☐ Nożyczki
☐ Wbijak do remizek
☐ Ciężki młotek

Problem:
ograniczony budżet

Rozwiązanie:
trwałe

Efekt:
dwuwarstwowe zasłony

Czas:
1,5 godz. (po ufarbowaniu)

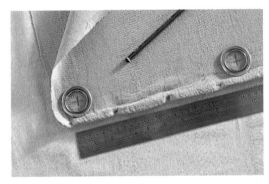

2 Zepnij szpilkami dwie płachty wzdłuż górnej krawędzi. Rozłóż remizki tak, aby środek otworu znajdował się w odległości 3,75 cm od górnej krawędzi płachty – po jednej remizce z każdego końca, pozostałe zaś w równych odstępach, mniej więcej co 25 cm. Zaznacz środek każdej remizki, kreśląc ołówkiem krzyżyk.

5 Powtarzaj czynność, dopóki wszystkie remizki nie będą umocowane na swoich miejscach. Większość materiału wokół krzyżyka zniknie w remizce, ale wszelkie wystające nitki obetnij nożyczkami. Nawlecz remizki na karnisz.

Dzięki dwukolorowym zasłonom uzyskasz nie tylko ciekawy efekt, ale również zablokujesz dopływ światła.

3 Posługując się nożyczkami, natnij każdy krzyżyk przez obie warstwy materiału.

ROZWIĄZANIE 3. *Zasłony o postrzępionych brzegach*

Szybką, niewymagającą szycia koncepcją jest zasłona o postrzępionych brzegach, zawieszona na klamerkach. Zagięcie u góry tworzy coś w rodzaju dekoracyjnego lambrekinu oraz zapewnia grubszą, równiejszą krawędź dla żabek. Jest to dobre rozwiązanie do salonu, ale nieodpowiednie do sypialni, ponieważ pojedyncza warstwa materiału nie odetnie skutecznie dopływu światła.

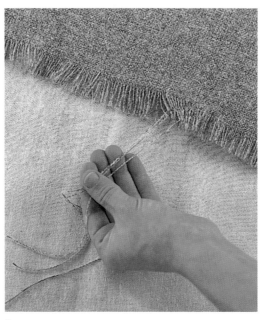

1 Wyciągnij kilka nitek wzdłuż brzegów materiału, aż do chwili, gdy uda ci się wyciągnąć całą nitkę, uzyskując w ten sposób prostą krawędź.

2 Posługując się ostrymi nożyczkami, odetnij luźne nitki, by otrzymać prostą krawędź.

3 Wyciągnij więcej nitek wzdłuż tej samej krawędzi, aż będzie postrzępiona na głębokość około 4 cm. Powtórz czynność na wszystkich krawędziach materiału. Zawiń jedną piątą długości materiału u góry, by uzyskać lambrekin. Użyj żabek, by zawiesić zasłonę na karniszu.

NIEZBĘDNE MATERIAŁY

☐ Płótno lniane albo luźno tkany materiał długości takiej samej jak odległość od karnisza do podłogi, plus jedna piąta tej długości.

☐ Nożyczki

☐ Żabki

Problem:
ograniczony budżet

Rozwiązanie:
trwałe

Efekt:
zasłona z falbaną

Czas:
1 godz.

Ciężkie materiały nie stanowią odpowiedniego rozwiązania, ponieważ są zazwyczaj ściśle tkane i trudne do postrzępienia. Poza tym, jeśli materiał jest ciężki, żabki mogą go nie utrzymać.

ROZWIĄZANIE 4. *Firanka drapowana*

Ta koncepcja zapewnia stylowy efekt przy niewielkim wysiłku. Przyszyj na maszynie wąski rąbek po obu przyciętych końcach materiału; boczne krawędzie firanki pozostaw niezmienione. Przeciągnij jeden koniec materiału przez karnisz, aż drugi koniec będzie dotykał podłogi. Zawiń do połowy i ponownie przerzuć od przodu przez karnisz. Ułóż materiał w dwie płachty z elegancką falbaną u góry.

Rozwiązanie to pasuje najbardziej do okna, które jest mniej więcej dwa razy węższe od materiału. Jeśli jest szersze, będzie za mało materiału, co zepsuje efekt (materiał nie przysłoni go całkowicie).

NIEZBĘDNE MATERIAŁY

☐ Materiał na firanki w ilości 2,5 odległości między karniszem a podłogą

Problem:
ograniczony budżet

Rozwiązanie:
trwałe

Efekt:
firana

Czas:
30 min

ROZWIĄZANIE 5. *Zasłony z koca niewymagające szycia*

Kolejnym rozwiązaniem niewymagającym szycia jest nietypowe zastosowanie koca jako zasłony. Ponieważ koce mają na ogół niewielkie rozmiary, większe okna nie są odpowiednie dla tego rozwiązania. Przerzuć koc przez karnisz, tak aby można go było bez trudu pociągnąć i dostosować długość. Zepnij obie warstwy agrafkami, by koc się nie przesuwał.

> **UWAGI**
>
> *Koc nie powinien być zbyt ciężki, gdyż trudno będzie go przesuwać.*

Wełniany materiał nada wnętrzu ciepło i przytulność. Ponieważ koc jest gruby, rozwiązanie to pasuje do sypialni. Jeśli koc ma frędzle, powinny one znaleźć się po stronie pokoju.

NIEZBĘDNE MATERIAŁY

☐ Koc
☐ Agrafki

Problem:
ograniczony budżet

Rozwiązanie:
trwałe

Efekt:
zasłona z koca

Czas:
20 min

ROZWIĄZANIE 6. *Skórzane opaski na zasłony*

Jest to najprostszy sposób wiązania zasłon, który nie wymaga jakiegokolwiek wysiłku. Wybierz pasek w kolorze i stylu, które pasują do zasłon i wystroju wnętrza. Jeśli nie masz odpowiedniego paska, wizyta w sklepie z używanymi rzeczami powinna zakończyć się powodzeniem. Przytwierdź hak do ściany na odpowiedniej wysokości, zapnij pasek na zasłonie i zaczep klamrę o hak.

Pasek z naturalnej skóry dobrze współgra z tym ciężkim, kraciastym kocem, tworząc tradycyjny wiejski styl.

NIEZBĘDNE MATERIAŁY

☐ Skórzany pasek

Problem:
ograniczony budżet

Rozwiązanie:
trwałe

Efekt:
skórzana opaska do zasłon

Czas:
10 min

POKOJE MAJĄ różne kształty i wymiary, a ich zmiana jest ogromnym przedsięwzięciem, wymagającym zaangażowania wielu fachowców i znacznych wydatków. W niniejszym rozdziale proponujemy rozwiązania alternatywne wobec przebudowy.

Charakterystycznym problemem, jaki występuje w wielu nowoczesnych domach, są wąskie albo niskie pokoje, w starszych zaś ciemne i wysokie. Sztuczki wizualne, zastosowane przy różnorodnych rozwiązaniach, nie tylko pozwalają przezwyciężyć te problemy, ale też tworzą określony wystrój, który możesz wzbogacić za pomocą koloru.

Na szczególną uwagę zasługują też kominki i kuchnie, gdyż zarówno jedne, jak i drugie stwarzają określone problemy. W przypadku modernizacji starszych domów gzymsy kominkowe i ich obudowa są często usuwane, a sam kominek zabijamy deskami. Jeśli ponownie chcesz z niego korzystać, nawet w charakterze niszy dla zapalonych świec, pojawia się problem wymagający nieraz znacznych kosztów.

Kuchnie stanowią pomieszczenie, którego wystrój wymaga największych nakładów, ale można osiągnąć wspaniałe rezultaty przy stosunkowo niewielkich wydatkach. Rozwiązania, które tu proponujemy, dotyczą głównie odnawiania szafek, czyli najdroższych elementów w większości kuchni.

Pokoje

WĄSKI POKÓJ

Źle zaplanowana modernizacja prowadzi często do pomieszczeń, które są za wąskie. Trudno to zmienić, ale można optycznie poszerzyć pokój, stosując poziome pasy. Każde z proponowanych niżej rozwiązań daje poza tym dodatkowe korzyści. Pierwsze pozwala stworzyć subtelną, stanowiącą centralny element ścianę, która świetnie nadaje się do skądinąd zwyczajnego, niewyszukanego pokoju, podczas gdy drugie polega na odbiciu światła, co nadaje wnętrzu głębię.

ROZWIĄZANIE 1. *Pasy namalowane wałkiem*

Aby uzyskać wrażenie szerokości, jakie dają subtelne poziome pasy, typowe dla ręcznego malowania, połóż kolory za pomocą małego wałka z gąbki. Pokryj wałek cienką warstwą farby, a następnie przesuwaj poziomo po ścianie, by utworzyć nieregularne, rozmazane kolorowe pasy. Odstępstwa od prostej linii tylko wzbogacą efekt.

NIEZBĘDNE MATERIAŁY

☐ Farby matowe w dopełniających się kolorach

☐ Wałek z owczej skóry

☐ Tacka malarska

☐ Wałek z gąbki

TECHNIKA PODSTAWOWA

☐ Malowanie (str. 24)

Problem:
wąski pokój

Rozwiązanie:
poprawa wyglądu

Efekt:
nierówne pasy

Czas:
2 godz.

Posługując się wałkiem z owczej skóry, pomaluj całą ścianę na możliwie najjaśniejszy kolor, który będzie stanowił tło. Następnie dodaj odcień pośredni, a potem najciemniejszy ze wszystkich, nakładając farbę małym wałkiem z gąbki.

UWAGI

Jeśli jesteś niezadowolony z wyglądu ściany, poczekaj, aż farba wyschnie, a potem dodaj jeszcze jeden pasek albo zamaluj istniejący. To nakładanie warstw tylko wzmocni oddziaływanie wizualne.

ROZWIĄZANIE 2. *Paski płytek lustrzanych*

To proste rozwiązanie łączy „poszerzający" efekt poziomego pasa z odbitym światłem. Da nowoczesny efekt, który sprawdzi się w sypialni nastolatka. Narysuj linię wokół pokoju, posługując się poziomnicą. Przyklej samoprzylepne podkładki do spodu każdej płytki, zerwij podklejkę i przyłóż płytki do ściany według nakreślonej linii.

Użyj kawałka kartonu jako miernika odległości między poszczególnymi płytkami. By zmaksymalizować efekt odbitego światła, przyklej płytki na ścianie naprzeciwko okna.

NIEZBĘDNE MATERIAŁY

☐ Ołówek

☐ Poziomnica

☐ Płytki lustrzane

☐ Samoprzylepne
   podkładki

Problem:
wąski pokój

Rozwiązanie:
poprawa wyglądu

Efekt:
paski lustrzanych płytek

Czas:
1 godz.

Przyklejaj płytki w jednym nieprzerwanym
szeregu wzdłuż wszystkich ścian
albo w kilku rzędach
na jednej centralnej ścianie.

UWAGI

Podkładki samoprzylepne przywierają do powierzchni bardzo mocno, umieszczaj więc płytki na ścianie uważnie, gdyż próba ich przesunięcia może spowodować zdarcie farby ze ściany.

ZA WYSOKI POKÓJ

Wysokie pokoje są generalnie odbierane pozytywnie ale małe pomieszczenia mogą sprawić, że przebywający w nich ludzie nie będą się czuli dobrze. Dwa poniższe rozwiązania wykorzystują tę samą zasadę jak w przypadku wąskich pokoi, czyli poszerzający efekt pasów poziomych. Umieszczając je w taki sposób, by skupiały wzrok właśnie na nich, a nie na górnej części pokoju, możesz obniżyć optycznie jego wysokość. Choć oba rozwiązania wykorzystują tę samą zasadę, proponują całkowicie odmienny wystrój. Poza tym jedno z nich wymaga jedynie malowania, podczas gdy drugie – podstawowych umiejętności w obchodzeniu się z drewnem.

ROZWIĄZANIE 1. Ściana podzielona kolorowymi pasami

Jest to śmiałe rozwiązanie, głównie dla odważnych, a ponieważ będzie stanowiło główny element dekoracyjny pokoju, powinno być dobrze zaplanowane; uzupełniające się tony nie powinny zdominować przestrzeni. Najlepiej zastosować to rozwiązanie na najkrótszej ścianie pokoju.

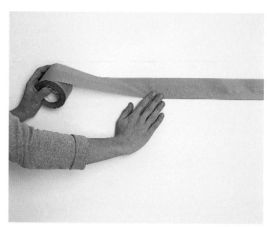

2 Zamaskuj poziome krawędzie ściany i zewnętrzne krawędzie wszystkich pasów taśmą malarską.

NIEZBĘDNE MATERIAŁY

- ☐ Emulsyjna farba matowa w dwóch dopełniających się kolorach, jasnym i mocnym, a także biała (str. 23)
- ☐ Wałek z owczej wełny
- ☐ Tacka malarska
- ☐ Taśma malarska
- ☐ Poziomnica
- ☐ Ołówek
- ☐ Pędzel 5 cm

TECHNIKA ZASADNICZA

- ☐ Malowanie (str. 24)

Problem:
wysoki pokój

Rozwiązanie:
maskowanie

Efekt:
gładkie pasy

Czas:
2 godz.

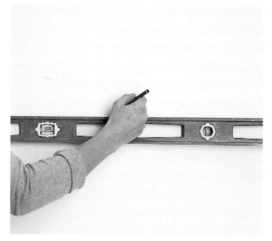

1 Posługując się wałkiem z owczej skóry, pomaluj cały pokój na biało albo inny jasny kolor i poczekaj, aż wyschnie. Za pomocą poziomnicy, korzystając z ilustracji zamieszczonej na sąsiedniej stronie, zaznacz poziome pasy różnych szerokościach i w różnych odstępach między nimi. Pasy bliżej góry i dołu ściany powinny być najwęższe, te pośrodku zaś szersze.

3 Posługując się pędzlem 5 cm, pomaluj każdy pas na odpowiedni kolor i bezzwłocznie usuń taśmę. Sąsiednie pasy powinny różnić się kolorem, przy czym najwyższy i najniższy należy pomalować na blady odcień. Najszerszy pas, pośrodku ściany, powinien mieć najintensywniejszy kolor, tak aby skupiał na sobie najwięcej uwagi.

Śmiały efekt pasuje do kuchni albo kącika jadalnego w nowoczesnym domu

> **UWAGI**
>
> *Jeśli farba ścieka spod taśmy malarskiej, powinno się poczekać, aż wyschnie, a następnie zamalować miejsce farbą stanowiącą tło. Namaluj w pierwszej kolejności pasy w najciemniejszym kolorze, by się upewnić, że efekt nie jest zbyt rażący.*

ROZWIĄZANIE 2. *Ściana podzielona drewnianymi kołkami*

Wieszak z kołkami zamocowany na szerokiej desce i pokryty woskiem w naturalnym, łagodnym kolorze drewna, stworzy mocny poziomy pas, który obniża optycznie sufit i jest zrównoważony przez węższy pas drewna poniżej. Wieszak z kołkami powinien znajdować się w zasięgu najniższej osoby, która będzie z niego korzystać, i mniej więcej na wysokości 15 cm ponad czubkiem głowy osoby najwyższej. Obie deski powinny zajmować całą długość ściany.

Zmierz ścianę i kup drewno. Kołki należy umieścić co 25 cm, a każdy powinien mieć długość 15 cm. Biorąc pod uwagę te wielkości, oblicz, ile potrzebujesz drewna na kołki.

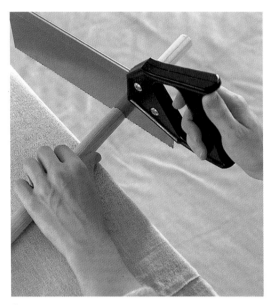

1 Podziel wałek na odcinki 15 cm. Posługując się piłą, przetnij kołek w zaznaczonych punktach, by otrzymać równe kawałki. Wygładź końcówki papierem ściernym.

2 Umieść każdy odcinek wałka w imadle i posługując się wiertłem 1,5 mm, wywierć wstępnie orientacyjny otwór na jednym końcu.

3 Zmierz i zaznacz odcinki 25 cm wzdłuż deski. Posługując się wiertłem 3 mm, wywierć otwór w drewnie w każdym zaznaczonym punkcie.

4 Wkręć śrubę w każdy wywiercony otwór w drewnie, tak aby jej koniec nieznacznie wystawał. Nasadź każdy odcinek kołka otworem na śrubę. Wkręć śrubę przez drewno, w otwór kołka, tak aby każdy trzymał się mocno.

UWAGI

Przycinając kołek, trzymaj piłę maksymalnie równo. Jeśli koniec kołka nie będzie równy, nie osadzi się prosto na wieszaku.

5 Posługując się pędzlem 5 cm, rozprowadź po drewnie wosk, grubo i równo.

6 Posługując się szmatką, zetrzyj nadmiar wosku.

Wywierć w ścianie otwory co 25 cm i zastosuj kołki rozporowe.

NIEZBĘDNE MATERIAŁY

- ☐ Drewniany wałek grubości 2,5 cm
- ☐ Miara stalowa
- ☐ Ołówek
- ☐ Grzbietnica
- ☐ Papier ścierny
- ☐ Wiertarka
- ☐ Wiertła 3 mm i 1,5 mm
- ☐ Deska o wymiarach 18 mm x 15 cm na wieszak
- ☐ Deska o wymiarach 18 mm x 10 cm na listwę ozdobną u dołu
- ☐ Śruby 4 cm (1 na każdy kołek)
- ☐ Wosk do malowania
- ☐ Szmatka

Problem:
wysoki sufit

Rozwiązanie:
maskowanie

Efekt:
drewniane deski

Czas:
2 godz.

ZA NISKI POKÓJ

Problem ten występuje szczególnie w nowych domach oraz w przypadku przebudowy. Jedynym rozwiązaniem jest optyczne podwyższenie pomieszczenia, ponieważ podniesienie dachu jest często ze względów technicznych niemożliwe. Jedno z rozwiązań koncentruje się na ścianie, wykorzystując śmiałe pasy pionowe, które „podnoszą" sufit. Drugie dotyczy sufitu, któremu nadaje się odbijającą światło powierzchnię, dzięki czemu wydaje się wyższy.

ROZWIĄZANIE 1. *Namalowane pasy*

Dzięki pionowym pasom pokój wyda się wyższy, ale mogą też sprawić, że wyda się węższy. By tego uniknąć, umieść pasy tylko w centralnym punkcie. Najszersze powinny mieć 10 cm, a najwęższe 2,5 cm.

By namalować pasy, zastosuj metodę opisaną w części „Ściana podzielona kolorowymi pasami" (str. 140).

NIEZBĘDNE MATERIAŁY

☐ Ołówek
☐ Poziomnica
☐ Taśma malarska
☐ Emulsyjna farba matowa w trzech odcieniach tego samego koloru, a także biała (str. 23)
☐ Pędzel 2,5 cm

TECHNIKA PODSTAWOWA

☐ Malowanie (str. 24)

Problem:
niski pokój

Rozwiązanie:
poprawa wyglądu

Efekt:
namalowane pasy

Czas:
2 godz.

Paleta kolorów do niskiego pokoju

Aby zmieszać kolory na wąskie pasy, wykorzystaj zasadę opisaną w części „Paleta kolorów dla ciemnego pokoju" (str. 151). Różnice w tonach mogą być znaczne, ale kolory powinny mieć ten sam podstawowy odcień.

Odcienie koloru płowego są dość neutralne i sprawdzą się w małym pokoju.

Odcienie liliowego stonują i ogrzeją pokój. Są dość intensywne i najlepiej stosować je w dużych pomieszczeniach.

Odcienie koloru zielonego pasują do oficjalnego pomieszczenia zarówno małego, jak i dużego. Zawsze maluj najwęższe pasy na najciemniejszy kolor, a najszersze, by wzmocnić efekt, na najbledszy.

ROZWIĄZANIE 2. *Srebrny sufit*

Metaliczne właściwości srebrnej farby na suficie, dają wrażenie większej wysokości. Przetestuj najpierw farbę, by się przekonać, jak odznaczają się na niej ślady pędzla. Jeśli są bardzo widoczne, zastosuj technikę opisaną w części „Efekt łaciatej powierzchni" (str. 26). Jeśli nie ma pod sufitem gzymsu, obniż linię styku sufitu ze ścianą o 5 cm, ale nie więcej, ponieważ szerszy pasek obniży optycznie sufit.

Zmierz i zaznacz na ścianie pasek 5 cm od sufitu. Posłuż się poziomnicą, by narysować prostą linię, i zamaskuj ją. Pomaluj sufit i zamaskowany fragment ściany na srebrno. Jedna warstwa dobrej farby powinna dać solidne wykończenie.

> **UWAGI**
>
> *Ponieważ srebrna farba kryje na ogół lepiej niż przeciętna emulsja, zasada rządząca kolejnością malowania – najpierw sufitów, ścian, potem elementów drewnianych – powinna się zmienić – najpierw ściany, potem sufit, na końcu stolarka.*

Jakość srebrnej farby jest bardzo ważna. Farby gorszej jakości odznaczają się niską zawartością pigmentu i wyglądają bardziej szaro niż srebrno.

NIEZBĘDNE MATERIAŁY

- [ ] Ołówek
- [ ] Linijka
- [ ] Poziomnica
- [ ] Taśma malarska
- [ ] Srebrna farba (str. 23)
- [ ] Pędzel 5 cm

TECHNIKA PODSTAWOWA

- [ ] Malowanie (str. 24)

Problem:
niski pokój

Rozwiązanie:
poprawa wyglądu

Efekt:
sufit odbijający światło

Czas:
3 godz.

MAŁY POKÓJ

W większości domów znajduje się przynajmniej jeden mały pokój. Zastosowanie różnych kolorów w takim pokoju spowoduje, że wyda się on jeszcze mniejszy. Dzieje się tak dlatego, że optyczne podzielenie pokoju redukuje powierzchnię, zamiast ją powiększać. A zatem najlepszą metodą jest użycie tego samego koloru albo na ścianach i suficie, albo na podłodze i ścianach.

Istnieje pokusa, by pomalować wszystkie powierzchnie na ten sam kolor, ale ryzykuje się w ten sposób, że pokój będzie sprawiał wrażenie małego pudełka.

ROZWIĄZANIE 1. Ściany i sufit w tym samym kolorze

Jeśli malujesz powierzchnię strukturalną, jak pokazano na zdjęciu, użyj raczej pędzla niż wałka.

Jest to szczególnie dobre rozwiązanie do niewielkiego pokoju, który ma także niski sufit. Ciągłość tego samego koloru sprawia, że oko prześlizguje się po nim, dzięki czemu powstaje wrażenie większej przestrzeni. Ponieważ stosujesz tylko jeden kolor, zachowaj ostrożność i wybierz jasny odcień.

NIEZBĘDNE MATERIAŁY

☐ Emulsyjna farba matowa (str. 23)

☐ Pędzel 10 cm

TECHNIKA PODSTAWOWA

☐ Malowanie (str. 24)

Problem:
mały pokój

Rozwiązanie:
poprawa wyglądu

Efekt:
pomalowany pokój

Czas:
4 godz.

UWAGI

Jeśli ściany albo sufit są nierówne czy zniszczone, wyrównaj je w taki sam sposób. Pogłębi to jeszcze bardziej wrażenie ciągłości i zapewni lepszy efekt końcowy.

ROZWIĄZANIE 2. Podłoga i ściany w tym samym kolorze

Rozwiązanie to jest lepsze w przypadku małego, wysokiego pokoju. Podłoga wygląda na większą, kiedy deski podłogowe są tego samego koloru co ściany. Możesz pomalować sufit na intensywniejszy kolor, dzięki czemu pokój będzie sprawiał wrażenie niższego. Jeśli chcesz mieć w pokoju dywan, dopasuj kolor farby do jego odcienia, by osiągnąć ten sam efekt.

NIEZBĘDNE MATERIAŁY

☐ Emulsyjna farba matowa (str. 23)

☐ Pędzel 10 cm

☐ Wałek z owczej skóry

TECHNIKA PODSTAWOWA

☐ Malowanie (str. 24)

Problem:
mały pokój

Rozwiązanie:
poprawa wyglądu

Efekt:
pomalowany pokój

Czas:
5 godz.

Nagie deski mogą wyglądać dość surowo, jeśli więc chcesz położyć na nich chodniczki, wybierz takie, które są podobne w tonie do podłogi, i nie umieszczaj ich blisko ścian.

UWAGI

Posłuż się wałkiem, by pomalować wpierw ściany. Jeśli chodzi o podłogę, postępuj zgodnie ze wskazówkami z części „Barwienie" (str. 80), ale zastosuj wyraźny kolor zamiast bejcy. Zabezpiecz podłogę dwiema warstwami lakieru do drewna.

CIEMNY POKÓJ

Światło naturalne jest zasadniczym elementem w każdej zamkniętej przestrzeni, ale bardzo często czynniki zewnętrzne redukują ilość światła, jakie dostaje się do pokoju. Może to być bliskość innych budynków, mieszkanie w suterenie, zarośnięty ogród czy po prostu małe okna. Pomalowanie pokoju na biało może go oziębić. Poniższe rozwiązania pozwalają zastosować kolor tak, aby nie zdominował wnętrza.

ROZWIĄZANIE 1. *Lustrzane nisze*

Od dawna stosowano lustra, by nadać pomieszczeniu głębię, ponieważ odbijają one światło. Jednakże duże lustro w przestrzeni mieszkalnej może także odbijać twoje codzienne życie. Bardziej subtelne umieszczenie luster, na przykład za półkami, umożliwi odpowiednie odbicie światła, a nie zdominuje wnętrza.

NIEZBĘDNE MATERIAŁY

- ☐ Lustro
  o wyszlifowanych
  krawędziach, przycięte
  do właściwego
  rozmiaru
- ☐ Klej do luster

Problem:
ciemny pokój

Rozwiązanie:
poprawa wyglądu

Efekt:
lustro

Czas:
30 min

Ogranicz dekorację na półkach do minimum, by lustro mogło odbijać jak najwięcej światła.

UWAGI

Szkło należy przyciąć o 6 mm krócej w stosunku do faktycznych pomiarów, by uwzględnić jakiekolwiek rozbieżności lub nierówności powierzchni w niszy.

ROZWIĄZANIE 2. Ściany w różnych odcieniach

W pokoju z tylko jednym oknem zastosuj trzy odcienie tego samego koloru. Pomaluj ścianę z oknem na najciemniejszy odcień, a ścianę naprzeciwko – na najjaśniejszy. Dwie boczne ściany pomaluj w tonie średnim. Ten schemat barwny wzmacnia światło wpadające przez okno, zapewnia też ciekawy efekt.

Miękkie, miętowe zielenie tworzą chłodny nastrój w łazience. Inne palety kolorów mogą być odpowiedniejsze dla pokoi o innych funkcjach.

Paleta kolorów dla ciemnego pokoju

By zmieszać kolory w celu otrzymania dokładnej gradacji tonalnej, stosuj prostą zasadę. Wybierz najciemniejszy odcień, po czym dodaj odmierzoną ilość białej farby, by otrzymać jaśniejsze odcienie. Jeśli chodzi o tony pośrednie, zmieszaj w równych ilościach dany kolor z białym, a w przypadku tonu najjaśniejszego dodaj dwie części białego do jednej części koloru. Ponieważ bardzo trudno dobrać kolory dokładnie, zawsze mieszaj więcej farby niż potrzeba, aby nie zabrakło określonego koloru.

Sypialnia powinna być spokojnym, cichym miejscem, które kojarzy się z wypoczynkiem i odprężeniem. Miękki, ciepły niebieski jest łagodny dla oka, nie sprawiając jednocześnie wrażenia zbyt kobiecego.

Salon spełnia funkcję głównego pokoju i jednocześnie swojskiej, przytulnej przestrzeni. Bledsze odcienie terakoty zapewnią poczucie elegancji, ale będą także emanować ciepłem.

Kuchnia to żywa i dynamiczna przestrzeń, odpowiednia dla słonecznych kolorów o naturalnych tonach. Ochra wygląda świeżo i czysto, nie będąc jednocześnie zbyt dominującą.

Kiedy w różnych pokojach zastosowano szeroką gamę kolorów, kolor w holu musi stanowić łącznik między nimi. Paleta odcieni szarego stanowi dobre rozwiązanie, a także daje wrażenie neutralności, odpowiedniej dla głównego wejścia.

NIEZBĘDNE MATERIAŁY
- ☐ Emulsyjna farba matowa w trzech odcieniach tego samego koloru (str. 23)
- ☐ Wałek z owczej skóry
- ☐ Tacka malarska

TECHNIKA PODSTAWOWA
- ☐ Malowanie (str. 24)

Problem:
ciemny pokój

Rozwiązanie:
poprawa wyglądu

Efekt:
kolor

Czas:
6 godz.

ROZWIĄZANIE 3. *Ściana odbijająca światło*

Subtelnym, zapewniającym odbicie światła i dekoracyjnym rozwiązaniem w ciemnym pokoju są pasy równej szerokości, w kolorze srebrnym i pastelowym. Metaliczna powierzchnia odbije światło ku innym częściom pokoju, zapewniając wrażenie większej jasności. Intensywność koloru na ścianie powinna odpowiadać w tonie srebru, co zapewni równowagę wizualną między paskami.

NIEZBĘDNE MATERIAŁY

☐ Emulsyjna farba matowa (str. 23)

☐ Srebrna farba (str. 23)

☐ Wałek z owczej skóry

☐ Tacka malarska

☐ Poziomnica

☐ Ołówek

☐ Taśma malarska

☐ Pędzel 5 cm.

TECHNIKA PODSTAWOWA

☐ Malowanie (str. 24)

Problem:
ciemny pokój

Rozwiązanie:
poprawa wyglądu

Efekt:
pasy odbijające światło

Czas:
8 godz.

Rozwiązanie to, nowoczesne i eleganckie, może być stosowane w wielu pokojach. Należy mieć na uwadze, że bogate umeblowanie pod ścianą zmniejszy siłę jego oddziaływania.

UWAGI

Posłuż się techniką opisaną w części „Ściana podzielona kolorowymi pasami" (str. 140), by zaznaczyć i namalować srebrne pasy na stanowiącym tło kolorze o jasnym odcieniu. Pasy powinny mieć tę samą szerokość, dzięki czemu uniknie się zakłócenia wymiarów pokoju.

CIEMNY KORYTARZ

Korytarz jest często pomieszczeniem wewnętrznym, bez okien, a tym samym bez światła. Jeśli wykluczona jest poważna przebudowa, niewiele da się z tym zrobić. Poniższe rozwiązania mają na celu maksymalne wykorzystanie dostępnego światła. Jednym z nich jest duże lustro, które odbija światło w stronę wnętrza.

Będzie mniej agresywne w korytarzu, gdzie się nie mieszka, niż w pokoju. Drugie rozwiązanie polega na skierowaniu światła naturalnego z innego pomieszczenia na korytarz. Obie koncepcje wymagają znajomości pewnych technik z rodzaju „zrób to sam", ale efekt jest wart wysiłku.

ROZWIĄZANIE 1. *Drzwi lustrzane*

Nie jest to rozwiązanie tanie, ale sprawdza się nadzwyczaj dobrze. Jeśli drzwi są stosunkowo równe z ościeżnicą, należy przyciąć lustro o odpowiednim rozmiarze. Poproś szklarza, by wyszlifował krawędzie. Przytwierdź lustro do drzwi, używając odpowiedniego kleju. Jeśli drzwi są cofnięte w stosunku do ościeżnicy, lustro powinno być przycięte o 12 mm mniej wokół obwodu, by otwierały się swobodnie.

NIEZBĘDNE MATERIAŁY

☐ Lustro o wymiarze drzwi, z wyszlifowanymi krawędziami

☐ Klej do luster

Problem:
ciemny korytarz

Rozwiązanie:
poprawa wyglądu

Efekt:
drzwi odbijające światło

Czas:
1 godz.

Szerokie obramowanie z poziomych pasów w jasnej zieleni tworzy interesujący akcent i optycznie podwyższa korytarz.

UWAGI

Określ dokładnie położenie klamki i zamawiając u szklarza lustro, każ wyciąć na nią otwór. Będziesz musiał zdjąć drzwi z zawiasów i położyć płasko, by przytwierdzić do nich lustro. Poproś szklarza o informację na temat odpowiedniego kleju, ponieważ lustro będzie ciężkie i musi być odpowiednio przymocowane do drzwi.

ROZWIĄZANIE 2. *Drzwi z matowym plastikiem*

Dobrym rozwiązaniem w przypadku ciemnego korytarza jest skierowanie światła naturalnego z pokoju czy pokojów w jego stronę. Zdejmij górne płaskie elementy z drzwi i zastąp je matowym plastikiem. Pokój nie straci na prywatności, a ciemny korytarz będzie miał więcej światła naturalnego. Plastik należy przyciąć do odpowiedniego rozmiaru.

1 Zaznacz i zakreśl linię 6 mm od krawędzi paneli wewnątrz górnej części drzwi. Wywierć otwór w każdym narożniku, dokładnie pośrodku zaznaczonej linii.

2 Wsuń ostrze wyrzynarki w wywiercone otwory i tnij wzdłuż linii, aż do następnego otworu. Powtórz czynność wzdłuż pozostałych krawędzi, tak aby wyciąć z drzwi cały płaski element.

NIEZBĘDNE MATERIAŁY

☐ Ołówek
☐ Linijka
☐ Wiertarka
☐ Wiertło 12 mm
☐ Wyrzynarka
☐ Gruboziarnisty papier ścierny
☐ Klocek drewniany do papieru ściernego
☐ Bezbarwne szczeliwo
☐ Matowe szybki z plastiku o rozmiarach górnych elementów w drzwiach

Problem: **ciemny korytarz**

Rozwiązanie: **poprawa wyglądu**

Efekt: **matowe panele**

Czas: **2 godz.**

3 Wyszlifuj krawędzie.

4 Wyciśnij warstwę bezbarwnego szczeliwa wzdłuż brzegu wokół każdego elementu i dopasuj arkusz plastiku. Zetrzyj nadmiar szczeliwa i poczekaj, aż wyschnie.

Można w ten sposób
przerobić jedne
albo więcej drzwi
i całkowicie zmienić
charakter wnętrza.

POMIESZCZENIE PRZECHODNIE

Przestrzeń, która prowadzi do wielu pokoi, to przede wszystkim hol i podesty schodów oraz pokoje przechodnie, które łączą różne części domu, na przykład sypialnie z przyległą łazienką. Duża liczba drzwi sprawia, że pomieszczenie wydaje się zatłoczone, a biała ościeżnica wokół każdych drzwi kłóci się z kolorem ścian, dzieląc przestrzeń na odrębne fragmenty i zmniejszając ją optycznie. Istnieją dwa proste rozwiązania tego problemu. Pierwsze polega na wkomponowaniu drzwi w wystrój wnętrza, a drugim jest pomalowanie stolarki na kolor identyczny jak ściany.

ROZWIĄZANIE 1. *Malowane pasy*

Naprawdę odważnym rozwiązaniem jest namalowanie śmiałych pasów bezpośrednio na wszystkich drzwiach. Wstęgi koloru przyciągają wzrok i sprawiają, że drzwi niemal znikają. Aby namalować pasy na ścianach i drzwiach, posłuż się metodą opisaną w części „Ściana podzielona kolorowymi pasami" (str. 140). Posługując się pędzlem 2,5 cm, namaluj linię w poprzek ościeżnicy. Możesz skorygować wszelkie błędy, gdy farba wyschnie.

Uzyskasz wyrazisty efekt, jeśli namalujesz pasy tej samej szerokości. Zmierz wysokość pokoju i podziel przez siedem. Nie ulegaj pokusie namalowania węższych pasów niż te pokazane na zdjęciu, gdyż w rezultacie może powstać wizualny chaos.

Paleta kolorów do pomieszczeń przechodnich

Kolor najwyższego pasa albo podniesie optycznie sufit, albo go obniży; aby go obniżyć, namaluj ciemny pas u góry, by go podnieść – namaluj jasny. Pamiętaj, że im bardziej kontrastujące kolory pasów, tym śmielszy efekt końcowy. Szarość i złamana biel, zastosowane odpowiednio, sprawdzają się dobrze w tym nowoczesnym biurze, ale nie pasują do sypialni.

Jaśniejsze tony niebieskiego o średnim i najbledszym odcieniu sprawiają, że ogólny efekt jest bardziej miękki i łagodny.

Uzupełniające się odcienie terakoty i jasnego beżu zapewnią wrażenie ciepła, pasy zaś nie będą zbyt wyraziste i mocne.

ROZWIĄZANIE 2. *Jeden kolor*

Można odwrócić uwagę od drzwi, stosując ten sam kolor na ścianach, drzwiach, ościeżnicy i listwie przypodłogowej. Zapewnia to ciągłość barwy i wrażenie większej przestrzeni. Pomaluj stolarkę pędzlem, stosując półmatową farbę do drewna o odcieniu odpowiadającym ścianom pomalowanym wałkiem.

NIEZBĘDNE MATERIAŁY

☐ Emulsyjna farba matowa (str. 23)

☐ Odpowiednia półmatowa farba do drewna (str. 23)

☐ Wałek z owczej skóry

☐ Tacka malarska

☐ Pędzel 5 cm

TECHNIKA PODSTAWOWA

☐ Malowanie (str. 24)

Problem:
pokój przechodni

Rozwiązanie:
maskowanie

Efekt:
jeden kolor

Czas:
5 godz.

Podobnie jak w przypadku małych pokoi, można wybrać tylko jeden kolor, więc nie ryzykuj i zastosuj względnie jasny odcień.

UWAGI

Połysk półmatowej farby do drewna jest najbardziej zbliżony do połysku emulsyjnej farby matowej, dzięki czemu drzwi i ściany nie będą się ze sobą kłócić.

ZWYKŁY POKÓJ
BEZ DETALI ARCHITEKTONICZNYCH

Detale architektoniczne kojarzą się głównie ze starszymi domostwami. Im starszy dom, tym więcej elementów takich jak kominki, alkowy, gzymsy, rozety na suficie, zdobione okna, głębokie ościeżnice i listwy przypodłogowe. Ponieważ służą one wyłącznie celom dekoracyjnym, większość nowoczesnych domów jest na ogół pozbawiona tych elementów. Jeśli występuje jakiś detal architektoniczny, wystrój wnętrza może być bardzo prosty, ale jeśli pokój jest pozbawiony jakichkolwiek elementów dekoracyjnych, bardzo ważna staje się kolorystyka, ponieważ stanowi jedyne źródło wystroju. Rozwiązaniem jest stworzenie interesującego miejsca centralnego w zwykłym pokoju. Jest to zazwyczaj ściana na wprost wejścia.

ROZWIĄZANIE 1. *Elementy z papieru*

UWAGI

Nie stosuj dwóch wzorzystych papierów obok siebie, ponieważ mogą się ze sobą kłócić. Wybierz papier ze wzorem i gładki, który podkreśli kolor wzoru.

Jest to proste rozwiązanie – odpowiednie odcinki z papieru stanowią główny element dekoracyjny wnętrza. Można użyć papieru jakiegokolwiek rodzaju: ręcznie czerpanych papierów strukturalnych, opakowań na prezenty lub tapet. Wypukłe wzory, barwne i metaliczne powierzchnie najłatwiej podzielić i ułożyć, a także połączyć ze sobą, co pozwoli uzyskać śmiały kontrast.

Zaplanuj kompozycję i wytnij kawałki papieru odpowiedniej wielkości. Narysuj poziomą linię na ścianie w charakterze wskazówki. Przyklej każdy kawałek do ściany, stosując tradycyjną technikę tapetowania.

Dostosuj rozmiar elementu papierowego do wielkości i proporcji pokoju. Zaplanuj jego rozmieszczenie tak, aby podkreślało wzór na papierze.

NIEZBĘDNE MATERIAŁY

- ☐ Papier
- ☐ Ołówek
- ☐ Linijka
- ☐ Nóż z regulowanym ostrzem
- ☐ Podkładka do cięcia
- ☐ Klej do tapet
- ☐ Pędzel do kleju
- ☐ Szczotka do tapet

TECHNIKA PODSTAWOWA

- ☐ Malowanie (str. 24)

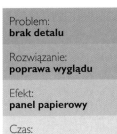

Problem:
brak detalu

Rozwiązanie:
poprawa wyglądu

Efekt:
panel papierowy

Czas:
1 godz.

ROZWIĄZANIE 2. Ściana ze wzorem rzuconym przez projektor

Oryginalne rozwiązanie, stanowi idealny sposób ozdobienia dużej ściany i jest znacznie prostsze do wykonania, niż się wydaje. Obraz może być dostosowany do rozmiaru każdej ściany dzięki zmianie ustawienia projektora. Nie jest to jednak technika odpowiednia w przypadku niewielkich pokoi, ponieważ może się zdarzyć, że nie będziesz w stanie odsunąć projektora dostatecznie daleko od ściany. Wybierz obraz, o jaki ci chodzi, przenieś go na kliszę, a następnie wypożycz projektor.

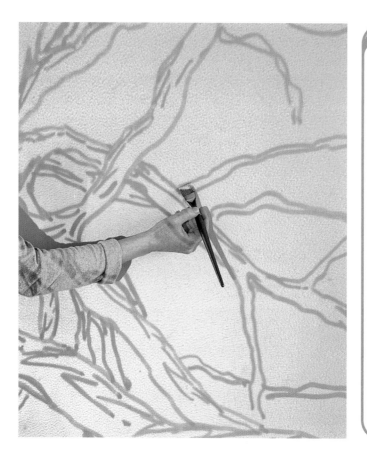

UWAGI

Możesz rzucić na ścianę i pomalować jakikolwiek obraz; wybór będzie zależał od tego, co pasuje do twojego pokoju. Prosty obraz, jak na przykład pokazane tu drzewo, nie wymaga artystycznych umiejętności. Przejrzyj książki i magazyny z ilustracjami, by znaleźć grafikę, która nie odznacza się drobnymi szczegółami.

Wizerunki kwiatów, drzew i liści powiększają się dobrze i będą pasować zarówno do nowoczesnych, jak i tradycyjnych pomieszczeń.

Jeśli jesteś pasjonatem malowania, możesz podjąć się stworzenia bardziej skomplikowanego obrazu. Ulubiony krajobraz z książki albo zdjęcie z wakacji świetnie się do tego nadają. Najpierw wykonaj kilka wstępnych kolorowych szkiców na papierze, upraszczając zarówno kolor, jak i szczegóły, tak aby końcowy obraz na ścianie nie był zbyt skomplikowany.

Bez względu na to, jakiego obrazu użyjesz, rozcieńcz farbę do konsystencji śmietany — jeśli będzie bardziej gęsta, pędzel przestanie przesuwać się gładko po ścianie w trakcie malowania. Nie rozcieńczaj jednak farby bardziej, gdyż podczas malowania zacznie spływać po ścianie.

NIEZBĘDNE MATERIAŁY

☐ Obrazek

☐ Klisza

☐ Cienkie pióro wieczne

☐ Rzutnik

☐ Emulsyjna farba matowa (str. 23)

☐ Płaski pędzel 2,5 cm

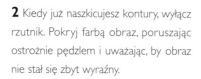

Problem:
brak detalu

Rozwiązanie:
poprawa wyglądu

Efekt:
namalowany obraz

Czas:
4 godz.

1 Pomaluj ścianę na wybrany kolor. Połóż kliszę na obrazie i zakreśl kontury piórem. Następnie połóż kliszę na rzutniku i tak długo go reguluj, aż będziesz zadowolony z obrazu rzuconego na ścianę. Zanurz pędzel w farbie o jaśniejszym odcieniu tła i naszkicuj kontury rzuconego na ścianę obrazu.

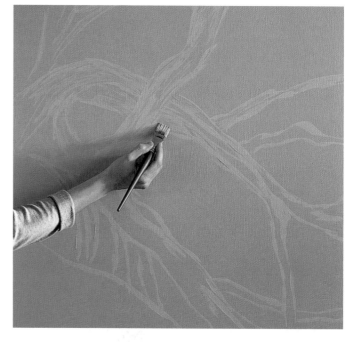

2 Kiedy już naszkicujesz kontury, wyłącz rzutnik. Pokryj farbą obraz, poruszając ostrożnie pędzlem i uważając, by obraz nie stał się zbyt wyraźny.

Kontury są nakreślone na ścianie i wielkość skończonego obrazu będzie oddziaływać tak silnie, że jakość malowania nie jest szczególnie istotna. A zatem nie musisz być artystą, by zdecydować się na to rozwiązanie.

ROZWIĄZANIE 3. *Namalowana obwódka obrazu*

Jeśli ściana ma dużą powierzchnię, a obraz, który chcemy powiesić, jest nieproporcjonalnie mały, obwódka może go wizualnie powiększyć, co skieruje nań uwagę, a odwróci ją od ściany. Jest to dobre rozwiązanie dla obrazów bez ram, ponieważ obwódka tworzy jego wyraźną krawędź.

1 Posługując się ołówkiem, obrysuj obraz. Zdejmij go ze ściany. Zmierz i narysuj dwie dalsze obwódki, w odległości 5 i 10 cm od pierwszej linii.

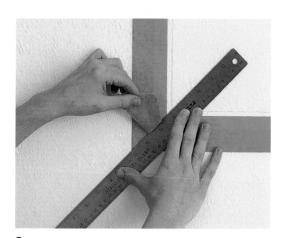

2 Zamaskuj taśmą malarską wewnętrzne krawędzie zewnętrznej obwódki. By zaznaczyć odpowiednio narożniki, zaklej dodatkowo taśmą 5 cm poza każdym ich końcem. Umieść linijkę pod kątem 45 stopni w stosunku do taśmy i ostrożnie oderwij wzdłuż niej taśmę. Powtórz czynność na obu końcach, upewniając się, że narożniki tworzą idealny kąt 90 stopni.

3 Zanurz czubek pędzla w farbie, zetrzyj z włosia jej nadmiar, aż będzie niemal suche, i przesuń pędzlem wzdłuż taśmy, w górę i dół, tworząc miękkie cieniowanie bez wyraźnych krawędzi. Zerwij taśmę.

NIEZBĘDNE MATERIAŁY

- ☐ Ołówek
- ☐ Linijka
- ☐ Taśma malarska
- ☐ Emulsyjna farba matowa (str. 23)
- ☐ Pędzel 5 cm

TECHNIKA PODSTAWOWA

- ☐ Malowanie (str. 24)

Problem:
brak detalu

Rozwiązanie:
poprawa wyglądu

Efekt:
namalowana obwódka

Czas:
1 godz.

Ściana o wyraźnej strukturze jest idealna, ponieważ jej powierzchnia sprawi, że obwódka będzie delikatna, a farba uwidoczni się tylko w wypukłych miejscach. Na ścianach gładkich należy zachować więcej ostrożności, malując niemal suchym pędzlem.

4 Zamaskuj linię wewnętrzną w taki sam sposób jak pokazano na ilustracji 2. Przesuń leciutko wilgotnym pędzlem wzdłuż taśmy, jak na ilustracji 3. Zerwij taśmę i poczekaj przed zawieszeniem obrazu, aż farba wyschnie.

> **UWAGI**
>
> *Kiedy już na włosiu pędzla znajdzie się farba, zacznij malować lekko, do chwili gdy większość farby zostanie równo naniesiona na ścianę, a następnie dociskaj pędzel mocniej, w miarę jak staje się on coraz bardziej suchy.*

KOMINEK

Kominki w starszych domach bardzo często są pozbawione gzymsu i obramowania, ponieważ dom został niewłaściwie zmodernizowany i tradycyjne wyposażenie uznano za nieodpowiednie dla nowego wystroju wnętrza. Można, oczywiście, zdecydować się na zamurowanie kominka (zaangażuj do tego fachowca, by uniknąć problemów z wentylacją).

Możesz też wykorzystać poniższe rozwiązania, by ponownie uczynić z kominka element dekoracyjny. Nawet jeśli komin nie nadaje się do użytku (musisz to sprawdzić przed rozpaleniem ognia), można wykorzystać kominek jako miejsce eksponowania świec albo kwiatów.

ROZWIĄZANIE 1. *Imitacja tradycyjnego obramowania kominka*

Z płyty pilśniowej wykonaj ramę szerokości 20 cm, przyśrubuj do górnej części półkę, a całość przyklej do ściany. Pomaluj obramowanie farbą i zabezpiecz dwiema warstwami lakieru.

NIEZBĘDNE MATERIAŁY

☐ Płyta pilśniowa
☐ Wiertarka
☐ Wiertła
☐ Wkręty
☐ Klej
☐ Pędzel 5 cm
☐ Farba do drewna o niskim połysku
☐ Benzyna lakiernicza
☐ Podkład
☐ Bezbarwny lakier

TECHNIKA PODSTAWOWA

☐ Malowanie (str. 24)

Problem:
zwykły kominek

Rozwiązanie:
trwałe

Efekt:
obramowanie kominka

Czas:
4 godz.

By osiągnąć subtelniejszy efekt, nałóż na farbę do drewna cienką warstwę rozpuszczalnika, kiedy obramowanie jest jeszcze mokre. Pomaluj ścianę wokół kominka, tak aby dwa kolory uzupełniały się nawzajem.

UWAGI

Jeśli obramowanie nie jest w równej linii ze ścianą, zaszpachluj boki i górną krawędź, a następnie pomaluj masę szpachlową. Obramowanie będzie wyglądało solidniej.

ROZWIĄZANIE 2. *Pozłacana osłona*

G dy kominek nie funkcjonuje, możesz zakryć palenisko i pozostawić pośrodku otwór, by zapewnić wentylację. Osłona musi znajdować się w jednej linii ze ścianą, jeśli trzeba, usuń listwy przypodłogowe. Przytwierdź osłonę do ściany za pomocą kleju.

NIEZBĘDNE MATERIAŁY

- ☐ Kwadratowa płyta pilśniowa grubości 6 mm, o 5 cm wyższa i szersza od kominka
- ☐ Miara stalowa
- ☐ Ołówek
- ☐ Wiertarka
- ☐ Wiertła 6 mm
- ☐ Wyrzynarka
- ☐ Gruboziarnisty papier ścierny
- ☐ Złota farba o jasnym odcieniu
- ☐ Pędzel 5 cm
- ☐ Mały wałek z gąbki
- ☐ Podkład
- ☐ Miedź w płatkach
- ☐ Miękki pędzel
- ☐ Lakier w spreju
- ☐ Klej

TECHNIKA PODSTAWOWA

- ☐ Malowanie (str. 24)

Problem:
zwykły kominek

Rozwiązanie:
trwałe

Efekt:
osłona dekoracyjna

Czas:
3 godz.

1 Zaznacz kółko na płycie pilśniowej. Wykorzystaj wzór:' koło o średnicy 30 cm, umieszczone pośrodku kwadratowego panelu o boku 84 cm, na wysokości 20 cm, licząc od dolnej krawędzi płyty. Wywierć otwór na obwodzie koła, wsuń w niego ostrze wyrzynarki i tnij uważnie wzdłuż nakreślonej linii. Wygładź brzegi papierem ściernym.

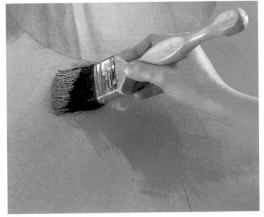

2 Posługując się pędzlem 5 cm, nanieś na płytę złotą farbę, a następnie poruszaj pędzlem na boki, by uzyskać efekt szrafowania. Poczekaj, aż farba wyschnie.

4 Połóż arkusz płatków na fragmencie ostemplowanej płyty i przyciśnij. Przesuwaj po wierzchu miękkim pędzlem, by płatki dobrze przywarły do podkładu. Zerwij podklejkę i wszelkie płatki, które do niego przywarły. Powtarzaj czynność, aż pokryjesz w ten sposób całą płytę. Usuń wszelkie pozostałe drobinki miedzi miękkim pędzlem i zabezpiecz powierzchnię płyty błyszczącym lakierem w spreju.

UWAGI

Ściągaj podklejkę z arkusza płatków bardzo powoli, kawałek po kawałku, i jeśli płatki są wciąż przyczepione do arkusza, połóż go ponownie na płycie i pocieraj, aż przylgnie do powierzchni. Nie martw się, jeśli powierzchnia będzie nierównomierna i łaciata – wzbogaci to tylko efekt.

3 Zanurz jeden koniec małego wałka w złotym podkładzie i ostempluj kółkami płytę. Pierwsze kółko umieść pośrodku górnej części płyty, a następnie przesuwaj się na zewnątrz, ku krawędziom, stawiając kółka jedno przy drugim, aż do ostatniego. Podkład staje się lepki po mniej więcej pół godzinie, więc masz dość czasu, by ostemplować połowę płyty, nim zaczniesz nakładać miedziane płatki.

Pomaluj ściany albo jedynie podmurówkę kominka na wyrazisty kolor, który będzie współgrał z bogatymi, metalicznymi barwami osłony kominka.

ROZWIĄZANIE 3. *Drewniane obramowanie*

Rozwiązanie to jest odpowiednie do większych otworów o bokach z surowych cegieł. Wymierz i zamontuj obramowanie tak, aby jego wewnętrzna krawędź zachodziła na brzegi otworu na głębokość przynajmniej kilkunastu centymetrów, co zagwarantuje, że nierówne ceglane krawędzie zostaną zakryte. Połącz na ucios narożniki, następnie przytwierdź obramowanie do ściany klejem, by uniknąć wywiercania otworów na wkręty.

NIEZBĘDNE MATERIAŁY

- [ ] Dwa kawałki drewna, równe wysokości kominka, z uciosami u góry
- [ ] Kawałek drewna, równy szerokości kominka, z uciosami na obu końcach
- [ ] Piła
- [ ] Skrzynka uciosowa
- [ ] Klej

Problem:
zwykły kominek

Rozwiązanie:
trwałe

Efekt:
obramowanie kominka

Czas:
1 godz.

Jeśli nie ma także paleniska, zastanów się nad wykorzystaniem dużych płyt chodnikowych, ponieważ pasują one do rustykalnego charakteru drewnianego obramowania.

UWAGI

Drewno należy zagruntować i zabezpieczyć przy użyciu wosku, farby, bejcy albo lakieru. Jeśli się tego nie zrobi, szybko pojawią się na nim nieusuwalne ślady.

ROZWIĄZANIE 4. *Namalowane obramowanie*

Jeśli palenisko się zachowało, ale usunięto obramowanie, prostym i niedrogim rozwiązaniem jest namalowanie obramowania wokół paleniska. Powinno ono odpowiadać z grubsza rozmiarem oryginalnemu obramowaniu, wyszukaj więc zdjęcie podobnego paleniska i skopiuj proporcje. Wymierz i zaznacz obramowanie, po czym zamaskuj je taśmą malarską. Pomaluj obramowanie i bezzwłocznie usuń taśmę.

NIEZBĘDNE MATERIAŁY

☐ Ołówek

☐ Linijka

☐ Taśma malarska

☐ Emulsyjna farba matowa

☐ Pędzel 5 cm

TECHNIKA PODSTAWOWA

☐ Malowanie (str. 24)

Problem:
zwykły kominek

Rozwiązanie:
poprawa wyglądu

Efekt:
obramowanie

Czas:
30 min

Pozbawiona wsporników półka, zamontowana wzdłuż górnej krawędzi obramowania i pomalowana na ten sam kolor, zasłoni górną część paleniska.

UWAGI

Jeśli sam kominek wygląda brzydko, ale wciąż nadaje się do użytku, popraw jego wygląd, kryjąc go odporną na ciepło farbą, dostępną u producentów kominków.

OBICIA I TKANINY

Odpowiednie dopasowanie obić i tkanin dekoracyjnych do wystroju wnętrza może być trudnym zadaniem. Jeśli pokój odznacza się bogactwem wzorów albo kolorów, efekt może być chybiony. Zazwyczaj najlepszym wyjściem jest maksymalne uproszczenie elementów takich jak poduszki czy zasłony. Podane tu rozwiązania polegają na wkomponowaniu materiałów w wystrój wnętrza i ujednoliceniu elementów, przy zachowaniu ich ciekawego charakteru.

ROZWIĄZANIE 1. *Poduszki z resztek tkaniny*

By uniknąć wrażenia patchworku,
użyj materiału z zasłon
i resztek w takiej samej ilości
na wierzchniej stronie poduszki.

Tkaniny i obicia w tym samym kolorze nadają pokojowi oficjalny wygląd. Nieco bardziej swobodny styl można osiągnąć poprzez zastosowanie jednego materiału w przypadku większych elementów, takich jak zasłony, i dopasowanie do nich innego materiału, przeznaczonego na elementy mniejsze. Tutaj resztki materiału w tym samym kolorze, ale o innym wzorze, zostały połączone z materiałem pozostałym po szyciu zasłon.

NIEZBĘDNE MATERIAŁY

☐ Tkanina
☐ Nożyczki
☐ Maszyna do szycia
☐ Nici krawieckie
☐ Poduszki

Problem:
obicia i tkaniny

Rozwiązanie:
trwałe

Efekt:
wzorzyste poduszki

Czas:
1 godz.

ROZWIĄZANIE 2. *Ostemplowane ściany*

Jeśli zasłony są wzorzyste, a ściany jednokolorowe, te pierwsze mogą sprawiać wrażenie odizolowanych. Odwzoruj motyw zasłon na stemplu, a następnie odbij obramowanie na ścianie, by połączyć oba elementy.

1 Rozłóż płasko materiał i umieść arkusz kalki kreślarskiej na fragmencie ze wzorem, który chcesz odtworzyć. Posługując się ołówkiem, zakreśl wzór.

UWAGI

Stempel z gumy wycinaj bardzo ostrym ostrzem, inaczej jego brzegi będą postrzępione.

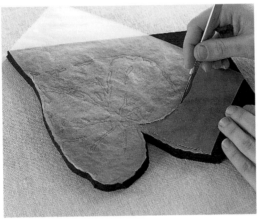

2 Pokryj odwrotną stronę kalki klejem i przytwierdź do gumy piankowej. Posługując się ostrym nożem, przeciągnij ostrzem wzdłuż linii motywu na kalce kreślarskiej, przecinając na wylot gumę piankową. Oderwij nadmiar gumy, tworząc zewnętrzną krawędź stempla.

3 Zachowując ostrożność, tnij wzdłuż linii wewnątrz stempla, przebijając kalkę i zagłębiając się w gumę na głębokość mniej więcej 6 mm. Uważaj, by nie przeciąć gumy na wylot. Usuń kalkę.

NIEZBĘDNE MATERIAŁY

- ☐ Wzorzysty materiał
- ☐ Kalka kreślarska
- ☐ Ołówek
- ☐ Klej w spreju
- ☐ Guma piankowa grubości 2,5 cm
- ☐ Nóż
- ☐ Wałek z gąbki
- ☐ Tacka malarska
- ☐ Emulsyjna farba matowa
- ☐ Średni pędzel artystyczny

Problem:
tkaniny dekoracyjne

Rozwiązanie:
trwałe

Efekt:
ostemplowana ściana

Czas:
2 godz.

4 Weź w dwa palce fragment gumy między naciętymi liniami i ostrożnie podetnij go od dołu nożem. Unieś jeszcze bardziej i podcinaj dalej, aż usuniesz cały fragment. Powtarzaj czynność, dopóki nie wytniesz całego wzoru.

5 Użyj wałka z pianki, by pokryć stempel farbą. Upewnij się, że cała powierzchnia jest pokryta, ale nie nakładaj farby zbyt grubo.

Bez względu na to, jak dobrze jest wykonany stempel, nie próbuj odtwarzać wzoru tkaniny w takim samym kolorze. Jest mało prawdopodobne, że zrobisz to w sposób idealny, najlepiej więc, jeśli różnica będzie sprawiać wrażenie celowej. By to osiągnąć, dopasuj kolor farby do głównego koloru tkaniny.

6 Najpierw zaznacz na ścianie cienką linię poziomą, według której będziesz umieszczał wzór, a następnie przyciśnij stempel do ściany, tak aby zetknął się z nią całą powierzchnią. Oderwij osrożnie stempel. Poczekaj, aż farba wyschnie.

7 Rozcieńcz tę samą farbę wodą (1 część farby na 1 część wody), a następnie nanieś ją pędzlem na wzór, by go wypełnić. Uważaj, by nie wyjść poza krawędzie motywu.

STARE DRZWICZKI SZAFEK KUCHENNYCH

Najszybszą metodą unowocześnienia kuchni jest wymiana drzwiczek przy szafkach. Jest to jednak opcja kosztowna, zwłaszcza gdy planujesz w przyszłości wymienić całą kuchnię, a teraz szukasz tymczasowego rozwiązania. Na szczęście istnieje wiele sposobów, by sobie skutecznie poradzić ze starymi albo zniszczonymi szafkami przy niewielkich nakładach. Drewniane drzwiczki są najbardziej uniwersalne pod tym względem, ponieważ można je bez trudu przycinać, malować i uzupełniać o dodatkowe elementy.

Nie należy zapominać o uchwytach drzwiczek – z pewnością warto w nie zainwestować. Im prostsze drzwiczki, tym bardziej ozdobne czy większe powinny być uchwyty. Jeśli nowe zostaną zainstalowane w innym miejscu niż poprzednie, zaszpachluj stare otwory, zanim przystąpisz do pracy.

Najpierw umyj i wyszlifuj papierem ściernym wszystkie drewniane drzwiczki, by usunąć tłuszcz i przygotować odpowiednio powierzchnię do malowania.

ROZWIĄZANIE 1. *Deski na wpust i pióro*

Choć rozwiązanie to wydaje się skomplikowane, efekt jest łatwy do osiągnięcia, wymaga jednak odrobiny czasu. Oryginalne drewno spełnia rolę barwnego tła, a słoje pozostają widoczne, dodając całości realizmu. Sztuczka, jak przy każdej imitacji prawdziwej powierzchni, polega na odpowiednim rozplanowaniu. Dlatego szerokość desek powinna wynosić około 10 cm, choć dodatkowe 12 mm po obu bokach jest do przyjęcia.

1 Wymierz i zaznacz deski na drzwiczkach. Jeśli nie uda ci się wymierzyć takiej samej szerokości, upewnij się, że dwie zewnętrzne, choć innej szerokości niż pozostałe, są jednakowe.

2 Przyklej kawałek taśmy malarskiej wzdłuż każdej linii ołówka, przyciskając mocno.

3 Zanurz czubek pędzla w farbie o kolorze ciepłej szarości i pokrywaj całe drzwi cienką warstwą, aż włosie będzie suche. Wykonuj długie ruchy pędzlem, zgodnie z rysunkiem słojów na drewnie. Bezzwłocznie zerwij taśmę malarską. Odczekaj około godziny, by farba wyschła.

4 Ponownie pomaluj cienko całe drzwiczki beżową farbą. W tym wypadku warstwa farby powinna być bardzo cienka, tak aby oryginalny kolor i linie wpustu nie zostały zakryte. Drzwiczki, przed ponownym zawieszeniem, powinny schnąć całą noc.

Użycie tego samego koloru do innych drewnianych elementów wyposażenia, takich jak brzeg blatu, pozwoli osiągnąć efekt jednolitości. Ponieważ została zastosowana farba do drewna o niskim połysku, nie trzeba dodatkowo lakierować drzwiczek.

NIEZBĘDNE MATERIAŁY

☐ Ołówek

☐ Linijka

☐ Taśma maskująca 6 mm

☐ Farba do drewna o niskim połysku w odcieniu ciepłej szarości i beżowym

☐ Pędzel 5 cm

TECHNIKA PODSTAWOWA

☐ Malowanie (str. 23)

Problem:
stare drzwiczki szafek

Rozwiązanie:
poprawa wyglądu

Efekt:
imitacja desek

Czas:
1,5 godz.

UWAGI

● *Jeśli nałożysz drugą warstwę zbyt grubo i linie wpustu znikną, natychmiast zetrzyj nadmiar farby suchą szmatką.*
● *Ponieważ rysunek słojów jest wciąż widoczny, lepiej wykorzystać w tym rozwiązaniu stare otwory na rączki.*

5 Pomaluj drewnianą gałkę na taki sam kolor jak drzwiczki.

ROZWIĄZANIE 2. *Dodatkowe listwy*

Ponieważ oryginalna powierzchnia zostaje całkowicie zakryta, a jakiekolwiek istniejące uszkodzenia mogą być wypełnione, jest to doskonałe rozwiązanie w przypadku drzwi, które są w szczególnie złym stanie. Istnieje duży wybór listew różnej szerokości i profilu, ale najlepiej wybrać coś prostego, co pozwoli zachować właściwy charakter drewna.

NIEZBĘDNE MATERIAŁY

☐ Ołówek

☐ Linijka

☐ Drewniane listwy

☐ Mała piła

☐ Papier ścierny

☐ Mocny klej do drewna

☐ Wilgotna szmatka

☐ Podkład (str. 23)

☐ Pędzel 5 cm

☐ Farba do drewna
   o niskim połysku
   (str. 23)

TECHNIKA PODSTAWOWA

☐ Malowanie (str. 24)

Problem:
stare drzwiczki od szafek

Rozwiązanie:
poprawa wyglądu

Efekt:
powierzchnia z listwami

Czas:
1 godz.

1 Drzwiczki szafek kuchennych w tym wypadku mają standardowy wymiar 50 x 70 cm. Wymierz i zaznacz wokół drzwiczek obramowanie głębokości 10 cm. Wewnątrz jego pola nakreśl pięć poziomych linii w równych odstępach.

3 Pokryj klejem spód każdej listwy i przyłóż je do nakreślonych linii. Przyciśnij i bezzwłocznie zetrzyj nadmiar kleju wilgotną szmatką. Poczekaj, aż wyschnie.

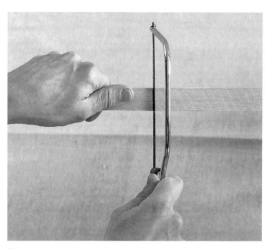

2 Przytnij pięć kawałków listwy dopasowanych do długości naznaczonych linii. Wyszlifuj ich końcówki papierem ściernym.

4 Pokryj drzwiczki podkładem, wykonując pędzlem długie ruchy, aby malowana powierzchnia była maksymalnie gładka. Poczekaj, aż wyschnie. Następnie, posługując się pędzlem, pomaluj drzwiczki farbą do drewna o niskim połysku. By uzyskać naprawdę gładką powierzchnię, szlifuj leciutko drewno między nakładaniem poszczególnych warstw. Farbę nakładaj obficie, aby można było ją dobrze rozprowadzać, ale nie na tyle, by zaczęła kapać.

Fronty szuflad można ozdobić poziomymi listwami, tak aby pasowały do drzwiczek.

UWAGI

Jeśli masz w kuchni drzwiczki różnych rozmiarów, na każdych zaznaczaj obramowanie na takim samym poziomie i staraj się zachować stały odstęp między listwami. Różnica w liczbie listew na poszczególnych drzwiczkach nie przeszkadza, ale odległość między nimi musi być taka sama.

ROZWIĄZANIE 3. *Panele z siatki stalowej*

D rewniane drzwi można przycinać bez trudu. Posłuż się techniką opisaną w części „Drzwi z matowym plastikiem" (str. 154), by wyciąć w nich otwór. Podkład dobrze przyjmie wosk, podczas gdy farba do drewna, półmatowa albo o niskim połysku, utrwali go na powierzchni.

1 Posługując się pędzlem, zagruntuj całe drzwi, łącznie z wewnętrznymi i zewnętrznymi krawędziami. Połóż co najmniej dwie warstwy podkładu.

UWAGI

- Jeśli obawiasz się ostrych brzegów siatki, pozaginaj końce drucików.
- Gęstniejący wosk można rozrzedzić rozcieńczalnikiem do farb.

2 Rozprowadź równo wosk po powierzchni drzwiczek i wzdłuż krawędzi.

NIEZBĘDNE MATERIAŁY

- ☐ Drzwiczki z otworem pośrodku
- ☐ Podkład (str. 23)
- ☐ Pędzel 5 cm
- ☐ Barwiony wosk (str. 23)
- ☐ Miękka szmatka
- ☐ Siatka metalowa o rozmiarach otworu w drzwiczkach plus 2,5 cm wokół obwodu
- ☐ Zszywacz
- ☐ Zszywki

TECHNIKA PODSTAWOWA

- ☐ Malowanie (str. 24)

Problem:
stare drzwiczki

Rozwiązanie:
poprawa wyglądu

Efekt:
panele z siatki stalowej

Czas:
1 godz.

3 Bezzwłocznie wypoleruj wosk suchą szmatką, tak aby usunąć ślady pędzla i uzyskać jednolitą powierzchnię.

4 Połóż drzwiczki zewnętrzną stroną do dołu i umieść arkusz siatki stalowej nad otworem. Przytwierdź siatkę zszywaczem, napinając ją odpowiednio.

Wiejski styl tych szafek dobrze pasuje do kuchni w starszym domu.

STARE DRZWICZKI Z LAMINATU

Laminat jest praktyczny, niedrogi i szeroko stosowany w kuchni, zwłaszcza jako materiał na drzwiczki szafek. Jednak po kilku latach może wyglądać obskurnie i być mocno poplamiony. Wymiana wszystkich drzwiczek to kosztowne przedsięwzięcie; dzięki proponowanym rozwiązaniom odnowisz je przy znacznie niższych kosztach.

Tak jak w przypadku drewnianych drzwiczek, warto starannie dobrać uchwyty. Będą podkreślać wykończenie drzwiczek, poza tym możesz je usunąć i wykorzystać kiedyś w nowej kuchni. Podstawowym środkiem, wymaganym przy malowaniu laminatu, jest specjalny podkład, który przywiera odpowiednio do powierzchni i pełni rolę doskonałej powłoki gruntowej. Nie próbuj stosować zwykłego podkładu do drewna – nie sprawdzi się.

Zamiast odkręcać cały zawias z drzwiczek szafki, znacznie łatwiej odkręcić śrubę zabezpieczającą i rozdzielić zawias na dwie części. Kiedy skończysz odnawiać drzwi, po prostu połącz obie części zawiasów.

ROZWIĄZANIE 1. *Gładka farba*

Ponieważ w końcowym rezultacie otrzymujemy gładką powierzchnię, jest to odpowiednie dla drzwiczek w dobrym stanie. By uzyskać efekt gładkości, maluj wałkiem z gąbki.

1 Przeszlifuj lekko całe drzwi, by przygotować powierzchnię pod podkład, następnie umyj je, by usunąć resztki brudu i ślady tłuszczu. Posługując się wałkiem z gąbki, połóż równą warstwę podkładu. Poczekaj, aż wyschnie.

2 Pomaluj drzwi farbą, ponownie posługując się wałkiem, by uzyskać gładką powierzchnię. Odczekaj, aż farba wyschnie przez noc, i jeśli to konieczne, połóż drugą warstwę przed zawieszeniem drzwi.

NIEZBĘDNE MATERIAŁY

- ☐ Papier ścierny
- ☐ Podkład z laminatu (str. 23)
- ☐ Wałek z gąbki
- ☐ Tacka malarska
- ☐ Farba do drewna o niskim połysku lub półmatowa (str. 23)

TECHNIKA PODSTAWOWA

- ☐ Malowanie (str. 24)

Problem:
stare drzwi

Rozwiązanie:
poprawa wyglądu

Efekt:
gładka powierzchnia

Czas:
30 min

UWAGI

Nigdy nie przerywaj malowania w połowie drzwiczek; krawędź zamalowanej powierzchni wyschnie i zawsze będzie ją widać.

Wybierz kolor pasujący do innych elementów kuchni. Jeśli jest intensywny, zastanów się nad pomalowaniem pozostałych, widocznych części szafki tak, aby pasowały do drzwi.

ROZWIĄZANIE 2. *Metalowe panele*

Rozwiązanie to sprawdza się najlepiej w przypadku drzwiczek, które nie są zbyt mocno zniszczone czy poplamione. Można zastosować metalowe obramowanie, by zakryć uszkodzone miejsca, i jeśli to konieczne, warto najpierw pomalować drzwiczki (str. 176). Rozplanuj umieszczenie paneli bezpośrednio na drzwiczkach i każ przyciąć arkusz metalu do odpowiedniego wymiaru. Wywierć otwory na uchwyty. Następnie pokryj klejem spodnią warstwę arkuszy metalowych i przytwierdź je w odpowiednich miejscach.

**NIEZBĘDNE
MATERIAŁY**

☐ Linijka
☐ Ołówek
☐ Metalowe panele
   w odpowiednim
   rozmiarze
☐ Klej kontaktowy

Problem:
stare drzwi

Rozwiązanie:
poprawa wyglądu

Efekt:
metalowe wstęgi

Czas:
30 min

Metalowe wstęgi wokół krawędzi zasłonią obłupane rogi, panele zaś zakryją większe powierzchnie, na których występują uszkodzenia czy plamy. Wybierz rozwiązanie w zależności od stanu, w jakim znajduje się szafka.

UWAGI

Jeśli panele są duże, możesz użyć taśmy maskującej do ich przytrzymania, gdy klej będzie wysychał.

ROZWIĄZANIE 3. *Pokrycie winylowe*

Szybkie i proste, rozwiązanie to pozwala zakryć uszkodzenia i ubytki bez konieczności szpachlowania czy malowania. Samoprzylepna tapeta winylowa dostępna jest w szerokim zakresie kolorów i wzorów, nie wyłączając imitacji materiałów naturalnych, takich jak drewno i marmur.

Upewnij się, że drzwi są całkowicie czyste, tak aby winyl dobrze przylegał do powierzchni.

1 Posługując się linijką i nożem, wytnij pasek winylu szerokości i długości górnej krawędzi drzwiczek. Przyklejaj go wzdłuż krawędzi, odrywając stopniowo podklejkę. Powtórz czynność na dolnej krawędzi drzwiczek.

> **UWAGI**
>
> Przyklejenie dużej płachty winylu do frontu drzwiczek może być trudne, poproś więc kogoś o pomoc. Jedna osoba będzie ściągała podklejkę, a druga wygładzała tapetę.

2 Wytnij drugi kawałek winylu długości drzwiczek plus 2,5 cm, i szerokości plus 5 cm. Upewnij się, że jeden koniec arkusza jest całkowicie równy i że jego narożniki mają kąt prosty. Oderwij 10 cm podklejki, zaczynając od równego końca, i połóż arkusz winylu u góry drzwiczek, wyrównując jego krawędź z ich krawędzią. Ściągaj powoli podklejkę, wygładzając jednocześnie suchą szmatką powierzchnię winylu. Zawiń nadmiar arkusza przy krawędziach i przyklej po drugiej stronie drzwiczek.

NIEZBĘDNE MATERIAŁY

- ☐ Linijka stalowa
- ☐ Nóż
- ☐ Podkładka do cięcia
- ☐ Samoprzylepna tapeta winylowa
- ☐ Sucha szmatka

Problem:
stare drzwiczki

Rozwiązanie:
poprawa wyglądu

Efekt:
gładka powierzchnia

Czas:
30 min

3 Posługując się specjalnym nożem, prowadź go pod kątem do krawędzi drzwi.

Zamień obskurną i przestarzałą kuchnię w nowoczesną, pokrywając drzwiczki szafek tapetą winylową o wzorze drewna bukowego.

ROZWIĄZANIE 4. *Drzwi pokryte sprejem*

Farba w spreju zapewnia uzyskanie efektu od razu po nałożeniu. Jej warstwa zakryje wszelkie ślady i małe ubytki, ale duże wgłębienia należy wypełnić, a następnie przeszlifować. Farba stanowiąca podkład powinna mieć ciemniejszy odcień, ale ten sam kolor co sprej. Dzięki rozcieńczeniu farby pigmentem można za jednym zamachem zagruntować drzwiczki i pokryć je pierwszą, stanowiącą tło, warstwą.

1 Nałóż warstwę podkładu zabarwionego czarnym pigmentem na drzwi, pokrywając wszystkie krawędzie.

2 Postępując zgodnie z instrukcjami na puszce, spryskaj drzwiczki równą warstwą spreju. Poczekaj, aż wyschnie, a następnie, posługując się pędzlem, zabezpiecz powierzchnię lakierem.

NIEZBĘDNE MATERIAŁY

☐ Podkład do winylu
☐ Czarny pigment
☐ Wałek z gąbki
☐ Farba w spreju
☐ Lakier
☐ Pędzel 5 cm

Problem:
stare drzwi

Rozwiązanie:
poprawa wyglądu

Efekt:
powierzchnia granitu

Czas:
30 min

Ten lekko strukturalny efekt granitu można zabezpieczyć matowym lakierem w celu uzyskania naturalnego wyglądu albo lakierem o wysokim połysku dla uzyskania lśniącej powierzchni.

UWAGI

Zawsze rozprowadzaj sprej w dobrze wietrzonych pomieszczeniach, zakrywając duże powierzchnie podłogi płachtami.

BRAK DRZWICZEK PRZY SZAFKACH

Jeśli w kuchni brakuje kilku drzwiczek przy szafkach, a ty masz problemy z ich dobraniem, istnieją rozwiązania pozwalające uniknąć kupowania drzwiczek do wszystkich szafek. Możesz uatrakcyjnić otwarte szafki albo zakryć je materiałem. Są to szybkie rozwiązania, które mogą być zastosowane łącznie albo dopasowane do istniejących drzwi.

ROZWIĄZANIE I. *Zasłony z dżinsu*

1 Załóż i przyszyj na maszynie podwójny rąbek 2,5 cm wzdłuż obu bocznych krawędzi dżinsu. Powtórz czynność u dołu i góry. Przyłóż u góry panelu linijkę i zaznacz miejsca na remizki, na dwie po obu końcach i na pozostałe, w odstępach mniej więcej 10 cm.

2 Postępując zgodnie z instrukcjami dołączonymi do zestawu remizek, umocuj każdą w zaznaczonym miejscu.

Zasłony te zakrywają wnętrza szafek, zapewniając jednocześnie łatwy dostęp. Potrzeba na nie minimalnej ilości materiału, co bardzo obniża koszty. Jeśli dżins nie pasuje do kolorystyki wnętrza, można wykorzystać jakikolwiek ciężki, nadający się do prania materiał.

3 Jeśli szafka ma drewniany brzeg – pozostałość po drzwiczkach – możesz tam właśnie wkręcić haczyki. Jeśli nie, przytnij odpowiednio listwę, wkręć w nią haczyki, a następnie przymocuj listwę wewnątrz framugi drzwiczek. By określić dokładnie miejsce na haczyki, przyłóż krawędź materiału z zamontowanymi remizkami do framugi albo do listwy, i wsuwając ołówek w remizki, zaznacz ich środek. Wkręć haczyk w każdym zaznaczonym miejscu.

NIEZBĘDNE MATERIAŁY

☐ Kawałek dżinsu wielkości frontu szafek plus 5 cm wokół obwodu
☐ Maszyna do szycia
☐ Linijka
☐ Ołówek
☐ Remizki
☐ Haczyki w kształcie litery L
☐ Listwy (jeśli to konieczne)

Dżins jest mocny i praktyczny, zarówno pod względem koloru, jak i trwałości, i doskonale się nadaje do kuchni.

> **UWAGI**
>
> Upierz dżins przed rozpoczęciem pracy, gdyż może być niezdekatyzowany. Jeśli tego nie zrobisz, panele mogą nie pasować do framugi szafek po pierwszym praniu.

Problem:
brak drzwiczek

Rozwiązanie:
poprawa wyglądu

Efekt:
zasłonki z materiału

Czas:
I godz.

ROZWIĄZANIE 2. *Koszyki wiklinowe*

Jeśli szafki mają po-
zostać otwarte, uczyń
z tego atrakcyjny ele-
ment, stosując koszy-
ki wiklinowe. W przy-
padku większych sza-
fek można połączyć to
z zasłonami z materia-
łu. Szafki powinny
być w dobrym stanie,
ponieważ duże ich
powierzchnie są wi-
doczne. W zależności
od rodzaju koszyków,
jakie kupisz, nie musi
to być tania opcja.

**NIEZBĘDNE
MATERIAŁY**

☐ Koszyki

Problem:
brak drzwiczek

Rozwiązanie:
poprawa wyglądu

Efekt:
koszyki

Czas:
10 min

*Koszyki nie tylko rozwiązują problem
przechowywania produktów,
ale ich wygląd współgra
z wystrojem kuchni w wiejskim stylu.*

UWAGI

*Zmierz szerokość szafek i kup koszyki w odpowiednim roz-
miarze. Koszyki różnej wielkości na różnych półkach wzbogacą efekt, pozbawiając go monotonii.*

ROZWIĄZANIE 3. *Proste zasłony*

Zawiń i zszyj na maszynie podwójny rąbek 12 mm wzdłuż krótszych końców materiału. Powtórz czynność wzdłuż górnej i dolnej krawędzi, ale tym razem obrąbek powinien mieć 2,5 cm. Przytnij drut do zasłon, tak aby był o kilka centymetrów krótszy od wymaganej długości, naciągnij i przewlecz przez rąbek u góry zasłony. Wkręć małe haczyki po obu stronach szafki i zaczep o nie drut, zawieszając zasłony.

Proste, odsuwane zasłony to jeszcze jedno rozwiązanie wykorzystujące materiał i w przeciwieństwie do sztywnych elementów dające wrażenie większej delikatności. Poza tym znacznie łatwiej je zawiesić. Przymocuj je na sznurku do zasłon pod blatem szafki. Styl i kolor materiału powinny pasować do wnętrza.

Jeśli zasłony mają stanowić rozwiązanie trwałe, nie zaś prowizoryczne przed wymianą całej kuchni, dobierz je tak, by pasowały do okien.

UWAGI

Jeśli zakrywasz dużą przestrzeń, podziel zasłony i zawieś je na tym samym drucie, by ułatwić dostęp do półek.

NIEZBĘDNE MATERIAŁY

☐ kawałek materiału długości odpowiadającej frontowi szafki plus 10 cm i szerokości 1,5 razy większej od szerokości frontu
☐ Maszyna do szycia
☐ Nici krawieckie
☐ Drut do zasłon
☐ Małe haczyki

Problem:
brak drzwiczek

Rozwiązanie:
poprawa wyglądu

Efekt:
zasłonki

Czas:
30 min

Podziękowania

Autor dziękuje za życzliwość i pomoc następującym osobom: Lucindzie Symons, Steve'owi Gottowi, Philipowi Haxellowi, Benowi Dickensowi, Mattowi Dickensowi, Helen Burkinshaw oraz państwu Haxellom.

Podziękowania autorom zdjęć

46, 145, 165, 166 – *Tino Tedaldi;* makieta *Laurence Llewelyn - Bowen.*

48, 138, 163 – *Tino Tedaldi; efekty plastyczne Annie Sloan.*

77, 80, 82 – *Chrysalis Images.*

81 – *Tino Tedaldi; efekty plastyczne Annie Sloan.*

120 – *Peter Williams; współpraca Mary Maquire.*

134 – *Tino Tedaldi; efekty Tessa Evelegh.*

150, 177 – *Simon Brown; współpraca Liz Bawens i Aleksandra Campbell.*

152 – *Lucinda Symons; współpraca Amy Dawson i Gina Moore.*